JN439056

말강구

말강구

신숙영 수필집

선우미디어

작가의 말

산행을 하다보면…

산행을 하다보면 평범한 능선도 만나고, 굴곡이 심한 능선도 만나게 된다. 나는 아침 산책으로 평범한 능선 길을 자주 걷는 편인데, 그 길 걷다보면 약간 지루한 듯하면서도 마음의 여유를 찾을 때가 있다. 반면 주말을 이용하여 굴곡 있는 산행을 하다보면 주변 풍경은 아름다운데 작은 풀 잎 하나 소중함을 모르고 스쳐가는 게 아쉬움으로 남는다.

한 편의 글도 마찬가지다. 평범한 글 속에서 깊은 여운을 찾을 때가 있고, 스릴이 있는 글속에서 잔잔한 여운을 놓치게 되는 일이 있다.

누구나 고향을 그리워 할 것이다. 이번 출간하는 두 번째 수필집 ≪말강구≫는 어린 날의 향수와 내 안에 들어온 여러 종류의 그리움을 서정적으로 나열해 보았다. '고향' 하면 떠오르는 그 무엇에 마음 내달리는 그런 이야기들…. 많이 부족한 글이지만 바쁘게 살아가는 도시에서, 농촌에서, 그 밖의 여러 현장에서 이 글을 접하는 독자들이 잠시나마 마음의 여유를 찾는다면 더없이 행복할 것이다.

이 글이 완성되기까지 많은 지인들의 도움이 필요했다. 그 분들께 고마움을 전하며, 특히 부족한 글에 발문을 써주신 정목일 선생님께 깊이 감사드린다.

2011년 6월의 끝자락에서

신숙영

차례

제1부 시선 따라잡기

제2부 풍경

제3부 말강구

제4부 그 눈빛 속에는

제5부 아버지의 지게

제1부

시선 따라잡기

갈대밭에서

아무런 말이 필요 없었다. 눈빛 하나로 의사가 전달되고 간간이 불어오는 바람소리로 마음이 통하는 거리였다. 내 키의 두 배 남짓한 갈대숲을 거닐며 마음의 향기를 군데군데 뿌려 놓는다.

사사삭 사사삭 음을 낸다. 누군가 내 등 뒤로 살짝 다가와 어깨 위에 손길을 얹을 것 같다. 가는 발길 붙잡아 놓고 가지 말라고 더 있으라고 애원하듯 흔들거린다. 그 길 사뿐히 내딛는 발자국마다 가야금 소리 같은 음으로 내 마음을 곳곳에 담아 놓는다. 그 음들은 멀리가지 않는다. 바로 내 옆에서 따라다닌다. 이 길 다시 오면 그 향기와 숨소리는 남아있을까. 그 순수한 향기는 하루를 보내도 좋고 한 나절을 보내도 좋고 한 시간을 보내도 좋으리라. 오늘 거닐고 간 이 시간처럼 행복할 수만 있다면.

몇 해 전 이곳을 다녀온 친구가 그랬다. 고향에 가거든 신성리 갈대밭에 가 보라고. 그곳에 가면 가만히 서 있어도 한 편의 시가 나올 거라고.

문학과는 거리가 먼 친구의 입에서 내가 문학을 한다는 이유로 여행지를 알려준 것이다. 그해 여름, 휴가철을 맞이하여 고향을 찾았다. 동생의 안내를 받으며 신성리 갈대숲으로 갔다. 초록의 물결이 넘실거리고 있었다. 통통하게 살찐 갈대들이 탐스러웠다. 푸른 물결 못지않게 출렁이고 있었다.

충남의 젖줄인 금강의 물줄기가 군산으로 이어져 있다. 서천과 군산, 강 하나를 사이에 두고 서로 다른 두 도시가 의좋은 남매처럼 마주보고 있다. 충청도와 전라도를 하나로 묶어 놓은 물결 따라 천천히 걸어본다. 평화롭다.

갈대의 속삭임은 자연이 주는 신선함이다. 한 포기의 나약한 갈대가 스스로 자라서 군락을 이루고 새로운 지도를 만들어 놓다니, 자연이 주는 당연한 현상 앞에 넋을 빼앗긴다. 제 아무리 하찮은 갈대일지라도 꽃송이가 맺히기까지는 순조로운 일들만이 존재하지는 않았을 것이다. 이 길 오고가는 사람들로부터 짓밟혔을 시산, 여린 몸 이겨내기 어려워 휘어졌을 시간들이 있었을 터인데 제자리를 잘 지켜내고 있다.

다시 찾은 갈대 숲 끄트머리로 석양이 찾아왔다. 머무를 듯 말듯 얄궂게 장난을 치고 있다. 갈대숲을 살짝 건드리기라도 하면 활활 타오를 것 같은 불덩이 하나가 넌지시 안겨든다. 그러더니 천천히 아주 천천히 갈대숲 전체를 물들이고 있다. 나는 그 빛을 긴 호흡으로 들이마신다. 빛줄기는 갈대밭 사이로 깊숙이 들어와 붉게 번져간다.

(2008. 11)

장날 풍경

잡곡을 상인에게 넘기는 것은 산다고 하고, 상인이 받아가는 것은 판다고 했다. 그 말 이해하지 못하여 어머니께 여쭈면 자세한 설명을 해 주시지만 늘 되묻곤 했다. 이제야 좀 이해되는데 아직도 그 말이 아리송하다.

시골 장터에 들어서면 다양한 가게들이 눈길을 잡아 놓는다. 반짝반짝 빛나는 양은냄비 가게 앞에 가면 구멍 난 냄비가 은박지로 때워져 새것으로 변하고, 날카로운 농기구가 주렁주렁 걸려있는 대장간 앞에 가면 서슬이 퍼런 괭이, 호미, 삽, 쇠스랑, 낫 등이 묵직하게 자리를 잡고 있다.

아버지는 오래 사용하여 낡은 농기구를 가지고 장터로 들어간다. 그리고 그 물건은 대장간에 맡겨놓고 각 지역에서 나온 친구 분을 만나 주막집으로 들어가 약주를 드셨다. 그 사이 대장간 아저씨는 맡겨진 농기구들을 활활 타오르는 불구덩이에 집어넣어 빨갛게 달아오르면 그걸 꺼내어 원래의 모양대로 두들겨서 새것으로 만들어 놓았다. 지금은 그런 장면을 찾아 볼 수 없지만 내 어린 시절 장터에 들어가면 흔히 보던 풍경이다.

모든 것이 새것으로 물들어진 요즘 아이들에게 그런 장면을 이야기하면 먼 나라 이야기로 느껴지겠지만, 호미나 낫을 어디에 사용하는지 물으면 그게 뭐냐고 물을지 모르는 일이지만, 그땐 이런 풍경들이 있었기에 어린 날의 향수가 정겹게만 느껴진다. 그 아름다운 시절이 엊그제 같은데 이젠 시골 어디에도 찾아보기 드문 풍경이다. 나는 요즘도 깔끔하게 꾸며진 공간에서 쇼핑을 하다가도 문득 시끄럽고 북적거리는 시골장터 안이 생각난다. 눈이나 비라도 오는 날에는 땅이 질퍽거려서 돌아다니기조차 짜증났지만 왜 그런 풍경들이 하나하나 되살아나는지 모르겠다.

승용차가 없으면 쇼핑할 엄두조차 내지 않는 요즘, 카드 한 장이면 원하는 물건 다 살 수 있지 않은가. 이처럼 편리한 쇼핑을 하다보면 빈곤에 시달리던 어머니 모습이 자꾸만 나타난다. 장날 무겁게 이고 나간 곡식을 팔아야 돈이 생겼고, 고급 지갑 대신 몇 푼 안 되는 돈을 손수건에 돌돌 말아 다녔던 어머니. 시장바구니가 무거울수록 마음이 넉넉하여 먼 길 돌아오는 길에도 편안해 하던 어머니. 간간이 보이는 경운기가 유일한 교통수단이었지만 그걸 타는 일은 하늘의 별 따기였다.

어머니는 장날만 되면 옷가게로 생선가게로 바빴다. 옷가게 앞에서는 아이들에게 입힐 갖가지 옷들을 고르느라 손놀림이 바빴고, 생선가게에서는 한 주간의 식구들 입맛 맞추느라 비린내 나는 생선 들었다 놨다 참으로 분주했다. 그렇게 한나절을 돌아다닌 후에는 구멍이 송송 뚫린 플라스틱 시장바구니에 여러 가지 물건들로 가득 채워오셨다. 짐 보따리가 무거워야 돌아오는 발길이 가벼운 어머니였다.

시장 안의 지붕은 천막으로 바람을 가리고, 바닥은 멍석 하나 펼쳐져 있었다. 지금 돌이켜 보면 그런 장면 하나하나가 인테리어 잘 되어있는 현대식 빌딩 못지않은 멋진 가게였다. 멍석 위에 가지런히 펼쳐 놓은 옷, 칸막이에 주렁주렁 걸어놓은 옷으로 가게와 가게 사이를 금 그어 놓은 풍경도 새롭게 다가온다.

어머니 짐 보따리 안에는 빨간 누비잠바와 누비바지, 그리고 여러 종류의 생선, 사탕 등이 가득 채워져 있었다. 그때 그 황홀했던 순간들이 세월 저편에 물러나 있지만 나는 그 시절이 그리워 마트에 가면 아이들에게 줄 간식부터 챙긴다. 엄마의 시장바구니 안에는 즉석에서 맛 볼 먹을 거리가 있어야 집에서 기다리는 맛이 있을 것 같아서다. 한 주간 먹을 반찬과 간식을 사는 동안 아이들이 행복해 할 모습을 그리다 보면 웃음꽃이 묻어난다. 아이들이 즐겨먹는 음식 하나하나 집어넣다보면 과거 어머니 얼굴이 떠오른다.

장터 안으로 들어가면 들어갈수록 비린내가 코를 찌른다. 조개, 굴, 소라, 맛살이 알맹이는 팔려나가고 껍데기만 바닥에 깔려있어 발에 밟혔다. 비린내 나는 좁은 골목길에서 갖가지 생선들을 구경하며 엄마 손을 꽉 잡고 따라다녔던 기억이 이른 봄 새싹들처럼 꿈틀거린다. 찌그러진

냄비에 소복이 담아 놓은 작은 자연산 굴, 볏짚으로 엮은 생선 꾸러미, 빨간 함지박에 담겨진 팔팔한 생선을 앞에 놓고 외치던 상인들, 전깃불도 없는 장터에서 해가 저물기 전에 팔아야 하기에 소리소리 지르던 장면까지 아련히 남아있다.

나는 가끔 그때 일들을 회상해본다. 동화책에 나오는 이야기보다 더 재미있고 현실적인 풍경이었던 것을. 내가 걸었던 발길 하나하나가 멋진 동화 속을 걸어 다녔다는 것을. 사방에서 몰려나온 사람들이 북적거리는 틈새에 끼어 시간 가는 줄 모르고, 그 안에 내 어린 날의 추억이 들어 있었다는 것을. 오일장만이 주는 푸근한 정경이 오랜 세월 남아있다는 것을. 그래서인지 내 아이들을 데리고 재래시장에 가는 것을 즐겼다. 시골 풍경에 비하면 남아있을 풍경이 덜하겠지만 백화점 문화보다 시골 문화를 보여주고 싶었기 때문이다. 그 안에서 소박한 삶도 그려보고, 사람 사는 냄새도 맡아보라는 바람이었다. 세월 지나 얼마나 많은 추억으로 간직되어 있을지 모르겠지만 내 아이들 가슴에도 어린 날의 주억 하나쯤 남겨두고 싶어서다.

생선가게 옆 모퉁이에는 큰 소전이 있었다. 장날만 되면 각 가정에서 나온 재산 목록 1호인 망아지와 귀여운 강아지, 닭, 토끼, 염소 등등이 새 주인을 만나기 위해 끌려나와 있었다. 낯선 곳으로 팔려나갈 동물들. 그곳에도 중간 상인처럼 흥정을 붙여주는 사람들이 있었는데 싸움은 말리고 흥정은 붙이라는 유래가 시골 장터에서 나온 게 아닌가 할 정도로 장터 구석구석마다 흥정을 붙이는 이들이 있었다.

요즘 아이들이야 햄스터나 애완용 동물들을 사 나르지만 당시 장터에는 여러 종류의 동물들이 모여 있어 뜻밖에 사오는 강아지나 망아지가 참으로 반가운 식구였다. 망아지를 사오는 날은 아버지의 얼굴에 함박웃음이 가득 담아져 있고, 닭이나 강아지를 사오는 날은 우리들의 얼굴에 웃음꽃이 가득 채워져 있었다. 낯설어서 이리저리 피해 다니는 강아지 괴롭히는 것은 어린 동생들의 몫이었고, 양지바른 곳에서 졸고 있는 병아리를 건드려서 괴롭히는 것은 내 몫이었는데 그러다보면 하루 해가 지는 줄 모르고 즐거웠다.

해가 뉘엿뉘엿 질 무렵 장터 안 술집에는 간만에 모여든 아저씨들로 북적거렸다. 5일에 한 번 면으로 나왔으니 술 맛이 얼마나 좋았을까. 간간이 비틀거리는 모습이 보여도 술주정 하는 어르신을 만나도 나는 그게 좋았다. 동구 밖에서부터 술 취한 어르신들이 소리를 지르며 들어오면 구경삼아 뛰어나갔고, 이어서 부부 싸움하는 소리가 동네를 떠들썩하게 한 것들이 정겨움으로 남아있다. 그런 소박한 장면을 다시 볼 수 없는 지금, 나는 자꾸만 옛 풍경 속에 잠긴다.

(2010. 11. 4)

술항아리와 할머니

초봄으로 가는 시기였는지 초겨울로 접어든 시기였는지 잘 기억은 나지 않는다. 좀 추웠다는 기억뿐이다. 학교에서 돌아왔는데 늘 열려있던 대문이 굳게 닫혀 있었다. 시골집에 훔쳐갈 물건도 없지만 식구들이 없는 건 더더욱 아니다. 할머니는 조용한 집을 싫어하셨다. 사람 사는 곳은 시끌시끌해야 좋다며 우리 육 남매도 모자라서 동네 사람들까지 불러 모았다.

대문 밖에서 한참을 떨다가 나는 담장을 타넘어 들어갔다. 집안에는 할머니가 계셨다. 코스모스 꽃잎 곱게 박힌 안방 창호문에 바짝 붙어 앉아 창문 너머로 바깥 풍경을 내다보면서 숨도 크게 쉬지 못하고서.

"왜 그래? 할머니!"

"애야, 우리는 이제 죽었다. 어떡하면 좋으냐?"

방 안에 있던 할머니는 추워서 떨었던 나보다 더 떨고 있었다. 내가 담장을 타고 넘어올 때, 우리 집을 기웃거리던 순경아저씨가 대문 앞을 지나가고 있었던 것이다. 내 뒤를 따라와 금세라도 대문을 열라고 소리칠 것 같아서 할머니와 나는 이러지도 저러지도 못하고 죄인처럼 갇혀 있었다.

그렇게 얼마나 있었을까. 바깥에선 무슨 일들이 벌어지는지 찬바람만 쌩쌩 불고 있었다. 나뭇잎 하나 스치는 소리에도 우리는 깜짝깜짝 놀라서 심장이 바쁘게 요동쳤다.

그때, 우리 집 부엌에는 술항아리가 숨겨져 있었다. 솜이불을 덮고 삭정이 보호를 받으며 신주단지처럼 모셔진 술항아리. 그 속에서 발효되는 중이었으니 향긋한 냄새를 풍겨낼 수밖에. 꼬들꼬들한 밥에 누룩을 섞어 물을 붓고 단단히 봉한 다음 일주일 정도 보관했던 것 같다. 그 발효 시기가 지나 술을 걸러둔 뒤라면 별 문제가 없지만, 그 전에 조사 팀이 나오면 영락없이 들키기 마련이다.

지금이야 술을 담아 먹으라고 해도 담을 사람이 없겠지만 술이 귀한 그 당시에는 쌀로 술을 담으면 벌금을 내야 했다. 먹을 식량도 부족한데 술을 담근다는 이유다. 벌금이 얼마였는지 모르지만 어린 마음에 큰 돈이 아니었나 싶다. 통신시설도 없는 작은 동네에 느닷없이 조사 나오면 누군가 한 사람이 순경을 피해 뒤뜰 울타리로 빠져나와 연락망 역할을 했다. 또 낯선 사람이 동네로 들어오면 술항아리를 들킬까 봐 인기척을 내지 않고 숨어 있거나 집을 아예 비웠다. 그러면 순경은 밖에서 대문만 두드리다가 그냥 가는 날도 있고, 끝까지 지켜서 한 건 건져가는 날도 있었다.

할머니는 그 날 순경아저씨가 우리 집에 술항아리가 있다는 걸 알아챘을 거라고 했다. 내가 들어오기 직전 대문을 두드리며 분명 이 집에 술이 있다며 자기들끼리 소곤거리는 걸 들었다니까. 그리고 옆집으로 갔다가 나오는 사이에 내가 담장너머로 들어왔으니 그가 잡으려고 마음만 먹었으면 얼마든지 잡히는 일이었다. 그러니 할머니 가슴이 얼마나 조마조마 했을까.

그 당시 어두컴컴한 부엌 구석에 자리 잡은 술항아리는 아버지 목마름을 시원하게 해결해주는 청량제 구실을 했다. 항아리 속에서 발효된 맑은 술은 떠서 빈 병에 담아놓고 틈틈이 마시는 술을 아버지는 고된 농사일로부터 피로를 이기는 묘약이었으리라. 술을 빚고 난 찌꺼기는 올망졸망한 형제들의 몫이었다. 시큼하면서도 달짝지근한 게 입맛에 당겨 자꾸만 먹었다.

술항아리 안에는 긴 시간 속에서 맑은 술이 고인다. 찌꺼기 하나도 버릴 게 없는 향긋한 술, 나는 그 술 찌기미를 먹으면서 술 마시는 법도 배웠는데 아직도 술맛을 모르고 산다. 그저 예의상 마시는 일밖에는 소주도, 맥주도, 막걸리도 술에 진 맛을 모른다. 그런 술이라도 때로는 맘껏 마시고 취해보고도 싶다. 그 옛날 미지근하게 데워서 먹었넌 술 찌기미의 기억을 되살리면서.

우리 집 거실 진열장에는 보기 좋은 양주가 가지런히 놓여있다. 술을 마시기보다 모으는 재미에 하나 둘 놔둔 것이다. 이런저런 연유로 들어온 양주가 아무리 좋은 맛을 지녔다 하더라도 그리고 근사한 병에 담겨져 있다 하더라도, 연기 그을린 부엌에서 익어가던 술 맛을 따를 수야 있을까. 할머니 가슴을 애태우던 그때 그 맛을.

(2009. 8. 17)

똥말

차돌이는 그가 아끼는 경주마였다. 차돌이를 만나서 그의 인생이 변한 것인지 차돌이가 그를 만나서 멋진 경주마가 된 것인지….

새벽 4시, 어둠이 채 가시지 않은 시각. 그는 마구간으로 가서 말과 함께 하루를 시작했다. 그가 차돌이를 처음 만난 것은 4, 5년 전 12월이었다. 미국에서 온 차돌은 체중이 520kg이나 되는 육중한 말이었다. 당시 몸이 큰 말들은 좋은 결과를 내지 못하여 일명 똥말이라는 별명을 붙였다고 하는데 그는 차돌이 등에만 오르면 하늘을 날을 듯이 좋았다고 한다.

먼저 외부에서 들어온 말들은 경주마로서의 등급을 정한다고 한다. 차돌이도 등급을 정하려고 경주를 하였는데 일 천 미터 경주에서 1분 6초로 10등급으로 들어왔다. 그런 기록은 똥말에도 끼지 못할 아주 느린 속도다. 그런 똥말이 경주마로서의 가능성을 보이더니 3연승을 하는 행운마가 되었다. 그때 차돌이 나이는 세 살, 그의 기승 경력은 2년으로 신인

때였으니 주변 사람들의 관심을 한눈에 살만도 했다.

기수들 간에 똥말로 불리던 차돌이가 출전만 하면 우승을 하였고, 89년에는 그랑프리 대상 경주를 제패하면서 3관왕에 등극했다. 한 마리의 말과 기수가 이뤄낸 23승이라는 기록은 경마장 사상 처음 있는 일이었다. 또 한 마리의 말을 타고 23승을 한다는 것은 세계 어느 나라에도 없는 기록이었으니 대단한 일 아닌가. 그러나 어떤 만남이라도 헤어짐이 있듯이 그도 본인의 의사와 관계없이 차돌이와 헤어져야 했다. 경마장 규칙에 의하여 기수 전원이 조가 바뀐 것이다.

그는 차돌이가 보고 싶으면 수시로 찾아가 대화를 하였다. 그러던 어느 날, 안개비가 추적추적 내리고 마음이 착잡한 그는 차돌이를 찾아갔으나 마구간은 텅 비었다. 그는 차돌이의 행방을 묻기 위하여 조련사를 찾아가는데 눈물이 핑 돌았다고 한다. 그가 예감은 했지만 경주를 할 수 없게 된 차돌은 외지로 팔려나간 것이다. 그토록 아끼던 기수와 작별인사도 하지 못한 채 말이다.

멀뚱멀뚱한 눈 껌벅거리며 걸어갔을 차돌이의 마음을 헤아린 그도 차돌이를 찾아 나섰다. 자신의 분신처럼 아끼던 차돌이가 아니던가. 몇 년을 같이한 날들, 어찌 그 정을 하루아침에 청포묵 자르듯이 잘라 놓을까. 정드는 데에는 사람만이 아닌 것을. 사람과 공존하는 것이라면 모두 포함되는 것을.

그는 차돌이에 대한 소식만 들으면 그 길로 달려갔다. 그러나 번번이 허탕을 칠 때마다 눈물이 고인 채 돌아섰다. 사람과 사람 사이가 아닌 대화가 통하지 않는 한 생명과의 깊은 인연 때문이었다. 그가 지칠 만큼 지쳐 있을 때 그 안타까운 사연이 꼬리에 꼬리를 물어 언론에 보도되었다. 지성이면 감천이라는 말이 사람에게만 필요한 건 아니었다. 그의 애타던 마음을 해소할 소식이 전해왔고 그는 그 길로 달려갔다. 차돌이는 과천 경마장에서 아주 가까운 용인에 있었다.

낯선 마구간에 묶여져 있던 차돌과의 만남은 언어가 통하지 않아도 가슴 한편에 와 닿는 느낌이 같았을 것이다. 그는 온몸에 전율이 흘렀다. 사랑하는 임과의 해후도 그날처럼 애틋하진 않았을 거라고 했다. 나는 그의 촉촉한 마음을 읽어 낼 수 있었다.

차돌이는 새로운 주인을 만나 정도 들기 전에 그에게로 돌아왔다. 그곳 마주馬主는 차돌이를 데려가면서 일 천여 만 원을 투자했으나 그가 애틋하게 찾았다는 이유 하나로 아무런 조건 없이 되돌려주었다는 얘기다. 자신보다 상대방의 마음을 헤아릴 줄 아는 사람이었다. 보통 사람이면 내 것이 아닌 것도 내 것으로 만들려고 아우성치는데 사람과 동물 사이의 아름다운 관계를 이어준 멋진 마음씨가 두고두고 남는다.

그가 차돌이를 데리고 경마장으로 왔을 때 세상을 다 가진 듯 흐뭇했다는데 그건 차돌이도 마찬가지였으리라. 서로 마음이 통하는 사이에 무슨 말이 더 필요할까. 한 평생 아끼고 사랑한다는 게 어찌 사람에게만 있을까. 자의든, 타의든 한 번 맺어진 인연에는 사람과 동물이 따로 없는 걸.

(2010. 1. 13)

시계꽃
-네잎 클로버-

낡고 허름한 손목시계 하나가 벽에 걸려있다. 하얀 줄과 둥근 테가 아직도 선명하다. 그 시계를 차고 몇 십 년을 들로 산으로 가족의 생계를 위하여 바쁘게 뛰었다. 시계는 제 할 일을 다한 양 이제는 친정 집 안방 벽에 매달려 편안히 휴식을 취하고 있다. 주인이 없으니 먼지만 쌓여간다. 그래도 값나가는 보석보다 더 귀하게 여겨짐은 웬일일까…. 멋진 포장으로 보관하지 않은 것은 쉽게 바라보기 위함이고, 잘 보이는 곳에 걸어놓아야 수시로 눈맞춤을 할 수 있기 때문이다.

시계는 세월이 흘러도 변할 줄 모른다. 돌고 도는 인생사와 세상 이치를 묵묵히 가르쳐주고 있을 뿐이다. 언제 만나자는 약속도 없다. 주인이 다시 찾아오면 반겨줄 것이고, 새 주인을 만나면 거기에 익숙해질 것이다. 착하다고 해야 할까. 몇 년째 반겨주는 이 없어도 제자리를 그대로 지키고 있다. 뿌연 먼지 다 뒤집어쓰고 거꾸로 매달린 채 또 몇 년을 더 기다려야 할지도 모를 일이다.

시계를 바라보니 어릴 때 추억들이 꿈틀거린다. 안개 속을 헤치며 고향산천으로 달려간다. 일 나가신 아버지의 뱃속이 출출할 즈음, 할머니는 막걸리나 빵, 쑥개떡을 만들어 내 손에 들려주시며 들녘에 나가게 하였다.

아버지가 한참 일하는 무논에는 뜸부기와 맹꽁이가 교대로 울어댔다. 진초록으로 물든 자연은 어디를 바라봐도 한 폭의 그림과 같다. 그 짙푸른 그림 속에서 눈을 부시게 하는 이는 단연 우리 아버지였다. 하얀 셔츠에 군복바지를 입고 푸르스름한 챙 모자를 쓴 아버지가 저만치 보이기 시작하면 내 발걸음은 더욱 가벼워졌다. 일하느라 구부러진 허리도 잠시 펴면서 쉬어 가는 새참시간, 아버지는 나를 기다리고 있음이 분명했다.

바지에 묻은 흙물은 마치 조각구름 같은 무늬로 채색되어 있었고, 불그레한 다리에 달라붙은 거머리는 끈질기게 매달려 있었다. 새참을 아버지께 드리고 논두렁에 쭈그리고 앉아 시계꽃을 한 움큼 뽑았다. '시계꽃'이라는 이름의 꽃이 따로 있지만 그때 고향에선 네잎클로버의 꽃을 그렇게 불렀다.

새참을 드신 뒤, 잠시 쉬는 동안 아버지는 거칠고 투박한 손으로 꽃시계를 만들어 주셨다. 꽃시계가 완성될 때까지 나는 아버지 곁을 맴도는 노랑나비가 되어 아버지 어깨 위에도, 모자 끝에도, 손끝에도 살포시 앉았다가 또 포로롱 날기도 하였다. 드디어 다 만들어진 꽃시계를 자랑삼아 팔목에 차고 뜸부기 소리를 내며 논두렁을 휘젓고 다녔다. 꽃시계 줄이 끊어질 때까지는 아무도 찰 수 없었던 시계, 아버지의 사랑을 손목에

휘감고 논두렁을 내 집 마당처럼 뛰어다녔다.

무논에는 개구리가 뛰어다니고 물방개가 둥둥 떠다닌다. 이름 모를 작은 미물들이 물위에서 헤엄칠 때, 논둑에는 클로버가 군데군데 모여 앉아 나풀거린다. 그 속을 뒤지다보면 네 잎의 행운도 찾게 된다. 운 좋은 날에는 더러 여러 개 찾지만 어떤 날은 헛고생만 한다. 세 잎의 클로버는 행복이라고 하고 네 잎의 클로버는 행운이라 한다. 오직 행운을 찾기 위해 수많은 행복을 짓밟는 행위가 우리들이 살아가는 모습이다. 행복이 바로 곁에서 한들한들거리며 웃고 있는데 우리는 행운만을 찾으려고 한다. 그 사이에 무심히 짓밟힌 행복을 나는 어리석게도 보지 못하였다.

땅거미 질 무렵, 소쩍새 울음소리를 들으며 아버지와 함께 집으로 돌아갈 때면 집집마다 저녁 짓는 연기가 모락모락 피어올랐다. 이 모든 것이 지나고 보니 행복한 추억의 한 토막이다. 클로버 잎 속의 행운을 뒤지듯 살아온 세월 속에 무심히 지나쳤던 내 소중한 행복이 숨겨져 있음을 뒤늦게 깨닫는다. 남의 행복과 행운은 눈에 잘 띄지만 스스로 느끼는 행복은 너무나 수수하고 단조로워 잘 보이지 않았다. 하지만 그 행복을 잃었을 때의 비감은 말로 표현할 수가 없다. 행복은 그런 것인가 보다. 곁에 있을 때는 잘 느끼지 못하고 찾아내지도 못하는 어리석음의 반복이라고 할까.

어느덧 불혹의 끄트머리에 서서 지난날들을 되돌아본다. 클로버 속에는 네 잎의 행운도 분명 있겠지만 평범한 행복의 상징인 세 잎은 더 많다. 다만 그 행복을 느끼는 안목이 없었을 뿐이다. 이리저리 뒤적이고 있을 때 이미 느껴야할 행복은 모두 지나가 버린다. 이렇듯 행복은 평범한 일상에도 따뜻한 가족의 말 한 마디에도 흥건히 담겨있다. 그런데도 우리는 눈에 비춰지는 남의 행복에 비교잣대를 대고 버둥거리며 살아왔다. 남들도 우리를 바라볼 때 내가 바라보는 그 행복의 느낌과도 같았을 텐데….

지나고 보니 그런 생각이 든다. 놓치고 산 시간 속에 우리의 행복은 곳곳에 숨어있었다. 그래서 더 아쉬움이 남는다. 하지만 지금이라도 그 행복의 가치를 느꼈으니 이제는 네 잎의 행운을 찾는 어리석음을 다시는 범하지 말아야겠다. 주인 잃은 낡은 시계 속에서 어릴 때 행복했던 추억이 숨겨져 있듯이 훗날 돌아보면 오늘을 행복하게 추억할 날이 반드시 올 것이다. 그래서 지금 이 순간의 행복을 진정으로 고맙게 생각하고 있다.

지금도 들에 나가면 지천으로 핀 하얀 시계꽃을 보게 된다. 방울처럼 매달려서 방긋방긋 웃고 있는 그 꽃을. 오늘따라 꽃시계를 만들어 주시던 아버지의 손길이 더욱 그립다. 내 아이에게도 아버지가 내게 그랬던 것처럼 꽃시계 하나 만들어 줘야겠다고 생각하다가 벌써 그 시절의 나보다 훨씬 커버린 아들을 떠올리며 혼자 실소를 한다.

아버지가 남겨 놓으신 행복의 추억은 곳곳에 남아있는데 아버지와 같이 했던 그 자리는 텅 비어있다. 개구쟁이 아이들이 시계꽃을 쏙쏙 뽑아간 그 흔적처럼. 낡은 시계가 멈춰버린 것처럼.

휘파람소리

어둠 깔린 새벽, 이불 속에서 빠져나와 새벽운동을 나선다. 방안의 온기는 남아있는데 살 속으로 들어오는 바람이 차갑게 느껴진다. 간밤에 제멋대로 굴러다니던 나뭇잎 소리가 바스락거린다. 한쪽에서는 피곤에 지친 사람들처럼 골목길 모퉁이로 힘없이 모여든다.

으슥한 아파트 사잇길을 벗어나 신호등 앞 삼거리에 서 있는데 휘이잇 휘이잇 휘파람소리가 들려왔다. 이른 새벽에 누가 저렇게 신이 났을까. 사방을 두리번거린다. 아버지 지나온 길들이 새록새록 살아나 스쳐간다. 맑고 고운 음이 점점 가까워지면서 아버지 그림자가 나타난다. 이렇게 추운 겨울이면 바깥마당 건조장에 쌓아둔 땔감을 안고 안방 부엌으로 사랑으로 바쁘게 움직였다. 그리고는 엄마가 사용할 물을 데워놓고 쇠죽을 쑤던 아버지. 군청색 솜 잠바는 늘 먼지가 쌓여 있었고 군데군데 불똥 튄 자리들로 작은 구멍이 송송 나 있었다. 그런 아버지 잠바가 생각나는 새벽이다.

휘파람소리를 내며 걸어오는 그는 새벽 잠 없는 새들만큼이나 부지런한 미화원이다. 주홍색 조끼를 걸치고 긴 초록색 빗자루로 거리를 쓸고 있다. 날이 밝을수록 저 조끼 위에도 먼지가 쌓여 갈 것이다. 아버지 잠바에서 본 불똥처럼이나 옅은 색상으로 낡아 가겠지. 그런데도 뭐가 저렇게 즐거울까. 집안에 무슨 좋은 일이라도 생긴 것일까. 흥얼흥얼 읊어대는 휘파람소리에 힘이 담뿍 들어가 있다.

아버지도 마음이 편안한 날에는 저러셨다. 그래서 휘파람소리만 들어도 아버지의 하루를 알아낼 수 있었다. 흰 눈이 펑펑 내려서 길이 막히면 우리 집 마당 끝을 지나 그 주변을 다 쓸고 다니셨다. 물을 긷기 위해 나서는 아낙들이 미끄러지지 않도록 인가 드문 우물 근처까지 일찌감치 치워놓던 아버지는 군불 지핀 아궁이 앞에 앉아 팽이를 깎고 가오리연을 만들었다. 그럴 때마다 휘파람소리가 끊이지 않았다. 얼음판 위에서 빙빙 돌 팽이와 하늘 높이 날아오를 가오리연은 그 음악 소리에 맞춰 멋지게 완성되었다. 나는 아버지가 마련해준 팽이와 연을 가지고 바로 아래 남동생과 들판으로 나갔다. 온 몸이 꽁꽁 얼도록 동구 밖을 누비고 다닐 수 있었던 것은 아버지 손끝이 머문 사랑 덕이었다.

환경미화원의 구수한 휘파람소리에 반한 나는 우두커니 선 채로 조용히 듣고 있다. 분위기 좋은 카페가 부럽지 않다. 따뜻한 차 한 잔 없어도 온몸을 데우는 기분이다. 나도 모르게 벙긋 웃음이 나온다. 남들은 달콤한 잠을 청할 시각이지만 가족을 위해서라면 이른 새벽에 나와도 귀찮지 않은 모양이다. 저 행복한 순간을 누릴 수 있는 것도 나이 지긋한 사람만

이 느끼는 여유일 것이다. 감히 함부로 탐낼 수 없는 귀한 순간들이다.

곱게 물든 단풍 숲에서 울부짖는 새들도 저 작은 행복에 단잠을 깨었나보다. 쨱쨱 째재잭 쨱쨱 째재잭, 귀청이 시끄러울 정도로 소란스럽다. 이른 아침 소리들의 화합은 자연이 주는 음악이요, 천연이 주는 자연음이다. 작사 작곡이 필요 없는, 음정 박자가 필요 없는 생음악이다. 사사싹 사사싹 빗자루가 스쳐갈 때마다 흩어져 있던 가랑잎의 모아짐은 가야금 소리보다도 아름다운 음을 만들어낸다. 스르륵 스르륵 고운 선율이 미끄러지듯 온 동네를 휘젓고 다니는 발길에서 평화를 느낀다.

예전에 아버지가 지나다니던 길에도 저렇게 아름다운 소리들이 들썩였을 것이다. 이른 새벽 큰 기침 소리 한 번 내면 온 집안 식구들이 잠에서 깨어났으니까. 그리고는 집 안팎으로 돌아다니며 쉬지 않고 콧노래를 부르지 않았던가. 기쁜 일이 있으면 더욱더 신나게 말이다. 여물을 썰면서도 쇠죽을 쑤면서도 아버지가 움직이는 곳에는 언제나 음악이 있었다. 그래서인지 그 새벽에 들려오는 휘파람소리가 정겹기 그지없다.

살다보면 힘들지 않은 일이 있을까. 노동을 하는 사람이나 펜을 굴리는 사람이나 마음 씀은 다 마찬가지다. 다만 자신이 하는 일에 긍정과 부정의 차이가 있을 뿐이다. 먼지 풀풀 날리는 공사장에서 일을 한다고 다 불행한 것도 아니고, 명예로운 자리에 있다고 해서 다 행복한 것은 아니다. 주어진 자리에서 자신이 만족을 느낄 때 그게 행복이요, 살아가는 재미다.

이른 시각 집을 나서는 세상의 아버지들은 가족을 위하여 몸을 아끼지 않는다. 하루 일과가 어떻게 닥쳐올지 몰라도 얼굴 가득 웃음꽃을 달고 나선다. 온종일 피곤에 지쳐 어깨가 축 처질지라도 일터로 향하는 발길은 가벼울 것이다. 상사에게 짓눌리고 동료와 경쟁하며, 아래 사람들로부터 치이면서도 자신의 자리를 사랑한다. 저렇게 휘파람을 불면서…. 그 거친 손길이 닿는 곳에는 융단을 깔아놓지 않아도 고운 비단을 펼쳐놓지 않아도 포근함이 스며있다.

어둠이 점점 열어진다. 희미해진 발길들이 어디론가 사라진다. 경쾌하고 힘들어간 휘파람소리가 뒤따라간다.

(2009. 9. 5)

이엉 엮기

달집 주변에는 다양한 민속놀이가 펼쳐져 있다. 윷놀이, 이엉 엮기, 연 만들기, 장작패기, 용마름 엮기, 널뛰기 등. 나는 같이 간 일행과 함께 나이도 잊은 채 소녀가 된 기분으로 널뛰기가 있는 곳으로 발길을 옮겼다. 널빤지 위에 오르면 가뿐하게 뛸 것 같았는데 갱엿이라도 붙여놓은 양 떨어지지 않는다. 중심을 잡지 못하고 흔들리는 몸, 간신히 추슬러 본다. 어느 정도 균형이 잡힌 듯하여 엉거주춤한 자세로 발을 떼어보지만 헛발만 디뎌진다. 그러기를 몇 차례 하고난 뒤에야 마음이 맞아지면서 발놀림에도 가속도가 달라붙었다. 그 다음은 동심의 세계로 밀어 넣는다.

잠시 후, 일행들은 흩어져서 각자의 볼거리를 찾아다닌다. 나는 볏짚 수북이 쌓여있는 곳에 이엉 엮기라는 푯말 앞에서 발걸음을 멈추고 아버지의 손길을 떠올려 본다. 오동나무 잎처럼 큰 아버지 손이 그리워진다. 가을 추수가 끝나고 나면 초가지붕을 단장하기 위하여 새끼 꼬던 모습이 아른거린다. 사랑방에서 새어나오던 휘파람소리와 사르륵 사르륵 볏짚 움직임이 귓전으로 들려온다. 황금 빛 새끼줄을 툇마루 가득 쌓아 놓고 흐뭇한 표정 지으시던 아버지였다.

나는 아버지가 하는 일은 좋아했다. 시키지도 않았건만 왜 그런 일들이 하고 싶었는지. 어머니가 하는 집안일이나 밭일보다 아버지가 하는 들일을 좋아했다. 가끔 선머슴 같다는 말씀을 하셔도 말괄량이라고 놀려도 싫지 않았다. 무뚝뚝한 아버지 사랑을 차지하고 싶어서였는지, 여러 형제들이 있어도 아버지 앞에서 애정표현을 하지 못하였기에 그 눈길을 받고 싶어서 그랬는지 모르겠지만 아무튼 나는 아버지가 하는 일에 관심이 많았다.

다른 민속놀이는 희망자에 한해서 제안이 없었지만 이엉 엮기는 남자 어르신만 접수를 받았다. 연세가 지긋한 다섯 분이 시합을 하기 위해 볏짚을 사이에 두고 나란히 앉았다. 짚 잡은 손도 지푸라기처럼 빳빳해 보인다. 윤기라고는 눈을 뜨고 봐도 보이지 않는다. 푸석거리는 지푸라기처럼 앙상한 손이다. 그런데 그 손으로 엮은 이엉은 자로 재어 놓은 것처럼 일정하다. 작은 밥공기를 동글동글 엎어 놓은 것처럼 어쩌면 저렇게 고르게 엮으실까. 컴퓨터도 아니건만 표준 간격에서 한 뼘도 어긋남이 없어 보인다. 솜씨 좋은 아버지의 손놀림을 보는 듯하다.

아버지는 그렇게 엮은 이엉으로 회색 빛 헌 지붕을 황금 빛 새 지붕으로 만들어 놓았다. 일꾼을 얻어 지붕 올리는 날이면 학교 가는 길도 신이 났다. 수업을 마치고 돌아오면 우리 집은 새집이 되어있을 것이고, 맛있는 반찬도 남아있을 것이고, 아저씨들까지 나를 반겨줄 것이다. 그럼 나는 사다리를 타고 지붕끄트머리까지 오르락내리락하며 마무리 작업하는 아버지를 찾아 해 저무는 줄 모르고 놀 것 아닌가. 그렇게 부푼 가슴으로 등굣길에 나섰건만 지금은 시골 어느 곳을 가더라도 초가지붕을 찾아보기 드물다.

새마을운동이 시작되기 이전인 1960년대까지만 해도 대부분의 농가는 초가집이었다. 초가는 우리네 정취를 느낄 수도 있지만, 큰돈을 들이지 않고도 보온의 효과를 누릴 수 있어 민초들의 주택은 거개가 초가였다. 추수가 끝난 농촌에서는 초가지붕에 이엉을 엮어 덮는 일이 가장 중요했다. 청년들이 두레를 조직해 집집마다 돌아다니면서 이엉을 엮고 지붕을 덮는 것이 당시의 풍습이었다. 지금은 그런 아름다운 풍습을 찾아볼 수 없지만 그때 그 장면은 기억 속에 남아있다. 초가집 역시 민가에서는 볼 수 없지만 초가지붕을 잇는 전통은 남아있다. 민속촌이나 외암리 민속마을 등, 각 지역에 가면 가을 행사로 사라져가는 문화를 살리고 있다.

초가집은 매년 볏짚을 엮은 이엉을 덮어야 하는데, 짚이 없고 품도 모자라는 농가에서는 2년에 한 번씩 이엉을 이기도 했다. 볏짚은 잘 썩어버리므로 가능한 한 1년에 한 번씩 새 짚으로 만든 이엉을 덮었다. 그리고 용마름으로 이엉이 맞닿는 마루를 덮어줘야 비가 와도 새지 않는다. 그렇게 마무리를 하고 나면 헌 집에서 새 집으로 이사 온 느낌이 든다.

이엉은 짚으로 이어만 가면 되는 줄 알았다. 그런데 손끝으로 톡톡 꺾

어줘야 튼튼하다고 한다. 그 많은 이엉을 엮어서 지붕을 장식하던 아버지를 보는 것 같아 가슴이 뭉클하다. 아버지의 손놀림도 저랬을 것이다. 빳빳한 볏짚을 만지다 보면 손가락이 갈라지고 손등이 터져서 핏줄이 보일 때도 있었다. 저녁이 되면 등잔불 아래서 안티푸라민을 바르고 반창고를 붙이던 아버지 모습을 그려본다.

초가의 용마루나 담장 위에 덮는 이엉은 집의 보온과 비바람을 막아주지만 아버지의 갈라진 손길은 가족을 위한 따스한 보금자리를 만들어 주었다. 짚단에서 스며오는 풋풋한 냄새가 아버지의 향수로 다가온다. 초가집처럼 순박한 아버지 모습이 한 줌의 짚단 속에 들어있는 것 같다.

조금 떨어진 곳에는 아버지 마음처럼 수많은 소원들을 짊어진 달집이 위엄 있게 서 있다. 달집에 매달린 작은 소망들은 순박한 모습으로 내 마음까지 꽁꽁 묶어 동심의 세계로 되돌려 놓는다.

(2008. 2. 25)

쎄이코 카세트

논 언저리에 집이 한 채 있었다. 들에서 일하던 아버지는 그 집에서 들려오는 노래 소리를 참으로 좋아했다. 허벅지까지 다 들어갈 정도로 깊은 수렁논에서 몸 가누기도 힘들지만 구성지게 흘러나오는 가사에 맞춰 흥얼거렸다.

새참을 갖고 들녘으로 간 나는 그 소리가 좋아서 논두렁 사이를 뛰어다녔다. 고삐 풀린 망아지처럼 부드러운 풀 짓밟으며 시간 가는 줄 모르고 놀다보면 여린 콩순 짓밟아 놓은 날도, 볏단 쓰러트려 꾸지람을 듣는 날도 있었다. 그렇게 지나간 추억들은 한 장의 멋진 풍경이 되어 가슴에 남아있다. 밀레의 이삭줍기 풍경보다 더 값지게…. 액자가 없어도 낙관이 없어도 계산할 수 없는 가격으로 추정되어 있어서 시간이 흐를수록 더욱 더 선명하게 나타난다.

구불구불한 논두렁길에서 반듯한 논두렁길로 변해있는 거리. 사람들이 다니기보다 경운기나 각종 농기구가 드나들기 좋게 만들어 놓은 길이다. 그러나 그 길 언저리에 서 있으면 찬바람만 휑하게 불어올 뿐, 아버지 노랫 소리도 발자국 소리도 들려오지 않는다. 사각사각 금빛 출렁이는 벼이삭 소리만 간간이 스쳐가는 삭막한 거리다.

아버지는 음악을 좋아한 만큼 어떤 일을 하더라도 휘파람이나 콧노래를 불렀다. 그런 모습을 볼 때마다 카세트만 있으면 온종일 기뻐하실 것 같아 하나 사다드렸다. 그때는 카세트 하나만 있으면 온 동네가 떠들썩할 만큼 크게 틀어 놨다. 20여 세대가 모여 사는 작은 마을에 당신이 즐겨듣던 노래를 틀어놓고 낮잠 주무시던 아버지. 검게 탄 얼굴을 가만히 내려다보면 세상에서 가장 평화로운 모습이었다. 드르렁드르렁 코고는 소리까지 음악에 맞춰 벌름거린다.

한여름 땡볕을 피해 잠시 누워있는 동안 짓궂은 파리 떼가 극성을 부리면, 나는 둥근 종이부채를 들고 아버지 곁을 떠나지 않았다. 우리 집 마루 한 가운데에 자리 잡은 카세트는 사시사철 쉬는 날 없이 바빴다. 아버지가 들에 간 시각 외에는 목이 아프도록 노래를 불렀다.

그토록 애지중지 다루던 쎄이코 카세트는 골동품이 되도록 아버지 옆에서 늘 함께 했다. 아버지 건강만큼이나 고장도 없이 20여 년을 함께 했다. 시골집이 다 그렇듯 수북이 쌓인 먼지 털어줄 틈 없어도 아버지는 수시로 그것을 닦아주며 자식 사랑하듯 아꼈다.

그토록 소중하게 다루던 카세트가 고장이 났다. TV가 있고 더 좋은 전축을 사다드려도 그걸 버리지 못한 아버지는 늘 눈에 띄는 곳에 놓아두었다. 어린 딸이 첫 월급을 타서 사온 카세트라는 이유로 골동품이 되어 아버지 곁을 지키던 카세트였다.

이렇게 보잘것없는 물건이 소중한 때가 있다. 그 물건을 어떻게 소유했느냐에 따라서, 가격이나 질의 문제없이 첫 만남이 주는 기대와 설렘에 따라서, 누구로부터 어떤 의도로 받았는지 왜 주었는지에 따라서 더 아끼는 물건이 있다. 그게 작은 호주머니 안에 들어갈 값싼 수첩일지라도.

아버지는 농사일을 해서 깔끔하게 차려입거나 멋진 양복을 입는 날이 드물었다. 늘 작업복 차림에 검소한 모습이었다. 그런 아버지를 오일장이 서는 날 질퍽한 시장 골목길에서 만나면 왜 그렇게 좋았던지. 풀빵한 봉지 사주는 기쁨이었을까. 아버지를 만났다는 기쁨이었을까. 말로는 표현할 수 없는 묘한 행복에 빠져 흡족해 하던 때가 엊그제 일어난 일처럼 되살아난다. 그래서일까? 길을 가다가 구수한 풀빵 굽는 냄새가 나면 아버지의 감색 잠바에서 묻어나는 냄새 같아서 한 봉지 사들고 집으로 온다.

아버지가 벗어 놓은 누런 잠바와 검정고무신을 가만 들여다보면 흙과 검불이 잔뜩 묻어있다. 움직이는 발자국마다 흙먼지가 떨어져도 마냥 좋은 아버지였다. 방문만 나서면 낫자루와 호미 삽 등을 들고 들로 산으로 움직였다. 손재주도 많아서 틈만 나면 나무를 베어 팽이, 자치기, 윷가락, 연 등을 만들어주었다. 그리고 바퀴 달린 구루마를 만들어 동생들을 태워주게 하셨다. 헌 자전거에서 뺀 링은 굴렁쇠를 만들어 동생에게 주셨으니 장난감이 흔하지 않은 시절에도 우리 아버지 손을 거친 뒤에는 멋진 장난감들이 만들어졌다.

밖에는 이슬비가 소리 없이 내린다. 문득 아버지가 보고 싶다. 컴퓨터를 켜고 음악을 듣는다. 아버지가 즐겨듣던 '오은주'의 〈지나가는 비〉라는 노래를 들어본다. 나는 노래를 즐겨하지도 듣지도 않아서 제대로 아는 가사가 없지만 이 노래는 내 기억 속에서 지워지지 않는다. 아버지가 생각나면 가끔 부르는 노래, 끝까지 아는 노래라고는 이 노래밖에 없다. 다음에 아버지 산소에 가면 이 노래를 불러드려야겠다.

(2007. 12. 6)

시선 따라잡기

한번쯤 봐 주길 바랐다. 하루라도 그를 보지 않으면 안될 만큼 중독이 되어있다. 매일 봐도 그런데 그도 나와 같은 마음일까. 아마도 그가 나보다 더 애타고 있을지 모른다.

나는 그가 없으면 답답하다. 그도 내가 없으면 심심할 것이다. 늘 옆에 있는데도 수다를 떨고 싶다. 입 다물고 있으면 병이라도 날 것 같다. 시도 때도 없이 찾아오는 소리들에 낯익어서 그럴까. 내게 꼭 필요한 소리들만 들려오는 것도 아닌데 나는 왜 그 소리에 귀 기울이고 있을까. 밤낮으로 들려오는 익숙한 소리에 마음이 끌린다.

언제부턴가 내 생활에 끼어든 그는 나의 일정까지 자기 마음대로 한다. 자기만 봐 달라고 보채는 욕심쟁이다. 내게서 잠시도 시선을 떼지 않고 내 마음을 다 사로잡을 모양이다. 그런 그가 싫지 않다. 애교 있는 여인 같아 보기 좋다. 누군가의 시선을 따라잡으려고 애를 쓰는 것 같아 정감이 간다.

남의 시선을 끌어당긴다는 게 쉬운 일은 아니다. 또 누군가에게 시선을 빼앗기는 일도 쉬운 일은 아니다. 그런데 그 작은 핸드폰은 그 어려운 일을 다 해냈다. 쉽게 열리지 않는 사람들의 시선을 따라잡았다. 하루라도 그를 대하지 않으면 안 될 만큼 마음을 준다. 그 마음 사람에게 간다면 어찌할까 싶다. 그럼 사랑의 열병을 앓아누울 만큼 심각해질 일이 아닌가.

핸드폰만큼 사람의 마음을 잡아놓는 건 없다. 어린아이부터 노인에 이르기까지. 모두가 잡혀있다. 그렇다고 꼭 필요한 존재도 아니다. 있으면 편리하고 없으면 약간 불편할 뿐이다. 그런데도 우리는 그것에 휘말려서 헤어나지 못하고 얽매어 있다. 그가 우리를 잡아 놓은 게 아니라 우리 스스로 그에게 잡혀 사는 것이다.

이처럼 단시간에 시선을 따라잡는 게 핸드폰만 있을까. 잡풀 속에 홀로 피어있는 노오란 해바라기 꽃도 철 잃은 코스모스 꽃도 제 마음을 주려고 앞을 다툰다. 해바라기는 해만 보고 산다고 했다. 일편단심 님 그리는 꽃이란 유행어 가사처럼 해만 보고 사는 걸까. 그러나 해님은 해바라기만 바라보지 않는다. 저 높은 곳에서 많은 것들을 다 바라보고 있다. 제 아무리 해님을 위하여 평생 잊지 못하고 그리고 있어도 해님은 말이 없다. 말 없는 해바라기 마음이 더 간절한지는 모르겠다. 말하고 싶어도 너무 멀리 떨어져 있어서 제 마음 전하지 못하는 해님. 그걸 알아차렸기에 그렇게 그리며 사는지도 모른다.

해바라기처럼 누군가를 그리고 산다는 것도 행복이라는 생각이 든다.

누가 알아주지 않아도 자기만이 갖고 있는 마음을 마음껏 누릴 수 있으니까. 누가 보채지 않아도 스스로 그 자리 채울 수 있으니까. 참된 사랑은 받는 사람보다 주는 사람이 더 행복하다고 했다. 사랑을 받는 사람은 더 많은 것을 바라기 때문에 행복이란 단어를 찾지 못하는 반면, 주는 사람은 바라지 않고 주기만 하기 때문에 마음 다칠 일 없다고 했다. 바라면 바랄수록 채워지지 않는 게 사랑이다.

시선 따라잡는 게 사물이나 식물만 있는 게 아니다. 우리 사람들도 남의 시선 따라잡으려고 안간힘을 쓰며 산다. 가족이든 이웃이든 직장이든 어느 곳 하나 시선에 신경 쓰지 않는 곳 있을까. 각자의 삶에서 어떤 시선으로 바라보고 사느냐에 따라 생활의 질도 달라진다. 긍정적인 사고를 갖고 사는 사람과 부정적인 사고를 갖고 사는 사람들의 차이는 넘지 못할 담벼락에 부딪치고 말 것이다. 사람의 마음이 간사해서만은 아니다. 살아가는 길목이 서로 달라서 그럴 것이다.

무성한 숲으로 발 디딜 틈 없는 들풀 속에 홀로 핀 코스모스 꽃도 우리의 시선을 따라잡기 위하여 계절까지 잃었다. 가을에나 피어나던 코스모스가 늦은 봄부터 한여름에 이르기까지 수시로 피어나는 걸 보면 안쓰러움이 앞선다. 제때 피어서 눈길 잡아도 될 일을 성미 급한 사람처럼 꽃을 피우는 코스모스. 그 여린 몸에서 내뿜는 향기야말로 남의 시선을 잡으려고 안달이다. 그러나 왠지 고운 시선으로 보이지 않는다. 어딘가 모르게 아쉬움이 많은 사람처럼 비춰진다.

이처럼 남의 시선을 따라잡는 것은 억지 써서 될 일이 아니다. 스스로 다가 올 수 있는 기회를 줘야 한다. 자신이 갖고 있는 마음을 솔직하게 내보일 때 마음이 간다. 마음이 가는 곳에 눈길이 머물 것이며 눈길이 머문 곳에 마음의 문이 열리기 마련이다.

우리 곁에 찾아온 핸드폰이 자신을 알아달라고 보챘거나 억지를 썼다면 이토록 많은 사람들의 시선을 따라잡을 수 없었을 테니까. 핸드폰은 제 자리에 가만히 있었다. 자신의 마음을 알아달라고 보채지 않았다. 그런데도 우리 스스로 그에게 다가가고 있다. 이제는 그가 없으면 하루 일과가 안 될 만큼 깊이 차지하고 있다. 그가 없으면 생활 자체가 마비될 만큼 깊숙이 들어와 있다. 나도 누군가에게 핸드폰 같은 사람이고 싶다. 또한 핸드폰 같은 사람을 내 옆에 두고 싶다.

(2007. 8. 14)

명함

불쑥불쑥 내민 고개들을 다 알 수는 없다. 흔해빠진 이름들만 기억하고 산다. 메마른 땅에서도 야들야들한 들풀과 질기디 질긴 들풀들이 앞 다투어 일어난다. 살포시 이파리 내밀었다가 살아온 세월을 증명이라도 하듯 꽃망울이 맺힌다. 그때서야 관심 없던 이름들을 기억하려고 한다. 하찮은 들풀이라 그랬을까? 이파리 무성해도 꽃이 피기 전에는 마음에 두지 않았다. 꽃이라도 한 송이 피우면 그때서야 바라보는 일들이 허다하다.

이름 모를 들꽃들은 제자리 지키는 일에 시샘을 하지 않는다. 무명의 가수처럼 뒷골목에 자리할지언정 다투지 않는다. 주어진 자리가 최고의 명당인 양 당당하게 지킨다. 오고가는 발길이 없어도 꽃 피울 일에만 신경을 썼지 좋은 자리 차지하려고 애쓰지 않는다.

그에 비하면 사람들의 생활은 천차만별이다. 스스로 자생한 들풀 같은 사람이 있는가 하면 식물원의 화초 같은 사람이 있다. 제멋대로 살아온 것 같으면서 곧게 자란 들풀 같은 사람이 있는가 하면, 그물망을 쳐 놓은 것 같은 보호 속에서도 힘들게 살아가는 사람이 있다. 그러나 주어진 환경에 따라 살아온 방법은 각각 달라도 가야 할 목적은 한길이다.

꽃들은 자신을 알리기 위한 방법이 단조롭다. 비슷비슷한 나무에서 꽃을 피우거나 향기를 내거나 아름다운 단풍으로 물들이면 제 나름대로의 이름이 알려진다. 자신의 이름을 앞세워 뽐내지 않고 자연의 순리대로 여유롭게 산다. 그러나 사람들의 생활은 다양하다. 명함 한 장을 만들어 내는 일도 단순함이 없다. 거창하게 늘어놓는 약력에 있는 말 없는 말을 마음껏 나열한다. 자신의 외모까지 다 드러내 놓는 일도 종종 본다.

명함은 자신을 알리는 진솔한 증명서와 다름이 없다. 상대방과의 대화를 터놓는 첫 코스인 만큼 명함을 주면 부담 없이 받는다. 한때는 사회 고위층만이 갖고 있던 명함이었다. 그러나 언제부턴가 누구나 다 갖고 있는 게 명함이다. 자신의 노출을 감추지 않으려는 발버둥일까. 대중화의 바람일까. 명함 만드는 일이 유행처럼 번졌다.

명함 받는 일을 즐기던 나는 몇 해 전 한 동에 살던 Y라는 사람 때문에 잘 받지 않는다. 그가 명함을 처음 줄 때는 반갑게 받았다. 그가 어떤 사람인지 터놓을 수 있는 방법이기도 하지만 한 동에 살다보니 부담감이 없었다. 그러나 명함을 받았다고 해서 관심 둘 일은 아니었다. 성별이 다르고 부디 기억할 만큼 가까워질 사이도 아니었다. 다만 예의상 받아 둔 것이었다.

그리고 한참 후, 그를 만났는데 내 전화를 기다렸다고 한다. 얼굴이 화끈 달아올랐다. 나는 그에게 전화할 목적도 이유도 없는 명함이었다. 낯선 이름에 전화를 한다는 것처럼 어색한 일도 없지만 필요한 용건이 있어도 쉽게 전화를 하지 않는 나였다. 그 날 이후 그 명함을 찾아 쓰레기통에 집어넣었다. 그러기를 몇 차례, 그런데도 그는 나를 볼 때마다 명함을 준다. 한 동에 살면서 피한다고 될 일은 아니지만 내 마음 편안하려고 그를 피해 다녔다.

2년 남짓 받아온 그의 명함 개수는 손가락이 모자랄 만큼의 양이다. 상대방을 면전에 두고 이러지도 저러지도 못하여 어정쩡한 표정 지으면 "또 없앴나요? 차 한 잔 사고 싶어 그러는데 시간 내어 전화 주시지요?" 한다. 6,70년대 프로포즈하던 식으로 건네주던 명함이다. 답변하기 곤욕스런 일은 그가 이사를 가고서야 끝이 났다. 앓던 이가 쏙 빠진다는 느낌이 이런 거였구나 싶었다.

하지만 명함을 받다보면 다 그런 건 아니다. 예쁜 꽃을 만난 것처럼 기분 좋은 명함도 있다. 잡풀 속에 섞여있는 이름 모를 꽃을 알아낸 것처럼 상쾌할 때가 있다. 그런 명함은 지갑 깊숙이 넣어두고 오랜 세월 간직한다. 들풀 속에 숨어있는 예쁜 꽃 이름을 찾아낸 것처럼 소중하게 간직한다.

한때는 궂은 일 하던 사람이 어느 날 갑자기 만났을 때 멋진 명함을 주면 그처럼 반가운 일도 없다. 질경이처럼 짓밟히고 납작 엎드려만 있던 사람이 우아한 국화꽃을 보는 것처럼 아름답게 보인다. 그 자리에 서기까지 얼마만큼 힘이 들었는지 모르지만 그가 살아온 날들의 증명 속에는 표현할 수 없는 삶이 반짝이기 때문이다. 묵묵히 지켜온 날들. 모두가 명함 속에 묻어있다.

이름 없는 들꽃들도 그랬을 것이다. 수많은 사람들이 오고가며 짓밟았을 때 아프다는 말도 하지 못하고 고개 숙여야 했던 날들. 양지바른 화단에 나오지 못하여 응달진 뒤뜰에서 숨죽이며 지내온 날들. 앞 다투어 일어나지 않았어도 제 자리 지켜온 귀한 시간들. 그 모든 것들이 산뜻하게 다가온 것은 꾸밈없는 날들로 살아왔기에 한 포기의 들꽃으로 탄생했을 것이다. 그래서 그의 아름다운 이름을 기억하게 하였을 것이다.

그런 들꽃 같은 사람들이 그립다. 묻혀진 이름들이 되살아나는, 그래서 그들의 자리가 빛이 나는 세상. 무명의 이름을 힘차게 불러볼 수 있는 아름다운 세상. 잡풀 속에 피어있는 이름 모를 꽃을 보고 그냥 지나치지 않는 세상. 국어사전을 다 뒤져서라도 찾고 싶은 꽃을 찾아낸 것처럼. 산뜻한 명함을 가진 들풀 같은 사람을 그리며 산다.

(2008. 4. 1)

가래떡 데이

달력을 받아들면 각종 기념일과 가족의 생일을 체크한다. 그리고 나면 빨간 글씨가 주말과 달라붙었는지 확인하며 특별한 날들로 표시된 곳에 작은 글씨들을 바라본다. 무슨 날들이 그리도 많은지 다 기억하고 살 수 없지만 그래도 매월 하나 정도는 동그라미를 그려놓는다.

1월에는 일년 중 가장 춥다는 대한을, 2월에는 봄으로 가는 입춘이나 우수를 3월에는 물의 소중함을 기억하는 물의 날, 4월에는 식목일과 한식 등등. 그러다가 11월에 시선이 멎는다.

11월 11일은 빗줄기 같은 숫자들이 나란히 그어져 있는 날이다. 언제부턴가 아이들 손에는 '빼빼로'라는 과자를 갖고 학교에 갔다. 나도 내 아이들이 초, 중학교에 다닐 때, 빼빼로를 사서 예쁘게 포장을 해주었다. 두 아이의 책가방에 넣을 빼빼로를 밤새도록 포장하며 누구한테 줄까, 어떤 여자애한테 줄까, 온갖 상상을 하면서 내 마음까지 설레었다. 지금은 두 아이가 다 성장하여 내 손으로 빼빼로를 사줄 일 없지만 그 작은 추억 하나가 나를 기쁘게 할 때가 있었다.

이른 아침 느닷없이 사촌형님의 전화를 받고 큰댁으로 갔다. 왜 오라고 했는지 연유도 묻지 않고 갔는데 '농업의 날' 행사를 한다며 같이 가자고 했다. 행사장에는 편안한 옷차림의 아낙들이 음식을 장만하고 있었다. 한쪽에서는 행사가 진행되었는데 안양시청에서 온 분들의 옷차림은 양복이 아닌 잠바였다. 수수하면서도 편안한 인사말에 정감이 있고 처음 간 자리인데 부담이 없었다.

몇몇 분의 인사말이 끝나고 각설이가 나타나더니 행사분위기를 한층 더 고조시켰다. 들녘에서의 힘들었던 모습은 보이지 않고 밝은 표정으로 그곳을 찾은 사람들에게 선물을 하려는 모양이다. 농업인의 날이라는 생소한 단어가 새로움을 준다. 각설이가 그랬다. 11월 11일은 빼빼로 대신 가래떡을 사서 아이들에게 주면 농부들의 마음도 읽고 우리 것도 알리는 일이라고. 그 한마디에 많은 의미가 함축되어 있음을 가슴에 담아본다. 10년째 이 행사를 했다는데 직접 참여해 본 것은 처음이었으니 더 실감이 났다.

그들의 신선함이 곳곳에 묻어 있었다. 시골이 아닌 도심 속에서 만난 사람들이지만 순박하고 소박해 보이는 것은 흙과 함께 살아온 날들이 배어있기 때문이다. 얼굴 가득 주름진 사이마다 평화를 상징하는 웃음이 깃들어있다. 급하고 찌든 삶이 아닌 여유로운 삶이 숨어있다. 검게 탄 얼굴, 잘 받지 않은 화장, 군데군데 뭉쳐있는 화운데이션, 나름대로 멋을 부린다고 부린 것 같은데도 옷차림과 어울리지 않는 어설픈 화장에 눈길을 돌려본다. 빨간 입술의 여인들, 세련미는 없어도 온화하고 순박함에 엄마 같고 언니 같다. 고기 한 점 먹는데도 자신의 배 채우기 전에 옆 사람을 챙기는 여유로움까지 순수하게 다가온다. 그것이 바로 수십여 년을 땅과 함께 살아온 증거일 게다.

신사복이 아닌 잠바가 어울리는 사람들. 반질반질한 구두보다 장화나 운동화가 어울리는 사람들. 베레모나 레이스가 달린 챙 모자보다 햇빛만 잘 가린다면 모양새가 미워도 좋아하는 사람들. 외적인 멋은 없어도 내적인 멋으로 사람의 마음을 사로잡는 사람들. 사람의 마음을 억지로 잡아끄는 게 아니라 스스로 다가올 수 있도록 유인하는 사람들. 일벌처럼 일해도 꿀벌처럼 달콤한 향기를 지닌 사람들이다.

아로마 같은 향수를 뿌리지 않아도 천연의 향기가 풍긴다. 흙먼지가 묻어 있어도 피하고 싶지 않은 사람들이다. 말투가 좀 거세더라도 다가서고 싶은 사람들이다. 등에 맨 짐 보따리가 자신의 것이 아니라도 내 짐처럼 지고 가는 사람들. 힘들고 지친 삶 속에서도 내가 아닌 누군가를 향해 웃음꽃으로 대신할 수 있는 사람들의 마음씨가 그 순박한 표정 속에 어리어 있다. 꾸미는 대로 가꾸는 대로 따라주는 자연과 함께한 삶이 일상이 되어있기 때문일 것이다.

내 아이들에게 추억 하나 다시 만들어 준다면 빼빼로 대신 가래떡을 사주고 싶다. 잠시나마 농민들의 마음도 알리고 우리 것에 대한 소중함도 느끼도록 말이다. 11월 11일 단 하루만이라도 동네 슈퍼를 찾지 않고 떡집이 붐볐으면 좋겠다던 각설이의 표현이 내 안에 쏙 들어와 앉았다.

거기 온 농민들의 마음도 그랬을 것이다.

바쁘게 살다보면 잊고 사는 게 어디 한두 가지랴. 달력 속에 새겨진 작은 기념일들을 다 챙기고 기억할 수는 없지만, 사라져가는 우리 것 중에 소중한 두어 날쯤을 기억해 둬야겠다. 삶 속에 남겨둘 날들이 있다면 그게 어떤 날이더라도 마음 한 곳에 담아 둬야겠다.

(2007.11.11)

손님

그 말을 듣는 순간 학창시절이 문득 스쳐갔다. 교육청에서 장학사가 나온다고 하면 수업을 하다말고 교실 청소부터 했다. 어느 반을 방문할지 모르니까 각 반마다 깨끗이 정리를 했다. 어려운 손님인 만큼 심적 부담도 크게 차지했다.

그렇게 교실을 단장하고 교육청 직원과 교장 선생님이 지켜보는 가운데 수입을 하려면 긴장감이 돈다. 반면 생소한 수업에 긴장하는 재미도 있다. 선생님은 질문할 학생과 답변할 학생을 미리 정해 놓고 시켰는데도 실수를 한다. 그럼 선생님도 본인도 당황한 나머지 수업 분위기가 어수선해진다. 그래도 '이왕이면 다홍치마'라고 자기반 교실로 들어오시길 은근히 기대한다. 손님으로 초대를 받는다는 게 이처럼 소중하기 때문이다.

가정에서도 손님이 온다고 하면 집안 청소부터 하지 않았던가. 지저분한 모습을 보이지 않으려는 마음도 있겠지만 손님에 대한 예의가 우선

일 것이다. 살다보면 손님을 맞이하는 일이 수없이 많다. 내가 손님을 맞이하는 일도 손님으로 초대받는 일도 모두 즐거운 일이다. 손님은 귀한 대접을 받을뿐더러 어려운 발길로 나서기 때문이다. 그러고 보면 우리의 생활 자체는 손님을 맞이할 준비로 살아가는 게 아닌가 하는 생각이 든다.

간암 4기로 진단을 받은 그는 암이란 질병을 손님이라고 표현했다. 그 말을 듣는 순간 기가 막혀서 말문이 닫혀버렸다. 그러나 곧 이해가 되었다. 오죽하면 그런 생각을 다 하였을까. 살아야 한다는 희망보다 죽음이 앞선 시점에서 그를 그토록 강하게 만든 힘은 무엇이었을까. 매사에 긍정적인 사고를 갖고 살아온 생활이 몸에 배어있어 그랬을까. 순간 많은 생각을 하게 했다. 지나간 날을 바라보지 않고 오늘 하루를 귀하게 여길 줄 아는 마음이 그를 그렇게 만들었는지 모르겠다. 잘 나가던 사업이 기울어지면서 가정의 불화는 계속되고 남은 것은 건강 하나였다. 하지만 세상은 얄궂게도 그것마저 빼앗아 가려고 했다. 이런 상황에서 무엇을 더 바라겠는가. 내 몸에 들어온 암 덩이마저 손님으로 받아들이는 수밖에.

그는 항암제를 복용하면서도 나아야겠다는 생각보다 손님한테 대접할 음식이라 여겼다고 한다. 암 덩이가 자신의 몸에 들어온 귀한 손님이라고 표현을 한다는 게 쉬운 일은 아니다. 그가 평소에 그렇게 살아왔기 때문이다. 그가 말했다. 식사 때나 약을 복용할 때 "손님, 내가 지금 밥을 먹으니 손님도 드셔야지요?" "손님, 내가 지금 약을 먹으니 손님도 드시고 기운내세요.” 그 말을 듣는 순간 웃을 수 없는 상황이었지만 어이가 없어 배시시 웃어버렸다. 그리고 그와 눈 마주치는 순간 당황하는 내 모습을 보고 그래야만 마음이 편했다고 한다. 내 마음이 편안해야 손님이 밉지 않고 투정도 하지 않아 반갑게 반겨줄 것 아니냐며 오히려 미소를 짓는다. 물론 복잡한 마음을 비우고 나면 한결 편안해지지만 보통 사람이라면 상상할 수 없는 일이다.

그가 처음 입원한 병실에는 자신과 비슷한 암 환자가 세 명이 있었단다. 그중 자신이 제일 힘든 상태여서 나을 확률은 아예 접었으나 3년이 지난 지금은 자신만이 생존해 남아있다고 한다. 병원을 찾을 때마다 한 사람, 한 사람 비워지는 자리가 어찌나 쓸쓸했던지 먼저 간 그들을 그리워하고 있다. 정기검진을 받기 위하여 한 달에 한 번 병원에 가면 한 자리 한 자리가 비어졌고 그때마다 마음이 아파서 돌아오는 발길이 떼어지지 않았다고 한다. 그 그리움의 날들이 내 앞에도 다가온다는 마음으로 병원을 드나들며 언제 닥쳐올지 모르는 자신의 죽음을 두려워하지 않고, 겸허한 자세로 자신이 받아야할 몫이라고 생각했단다.

그의 가방 속에는 암을 억제하는 항암제가 가득했다. 약봉지 하나를 꺼내 보이며 귀한 친구를 데리고 다니는 기분이라고 한다. 그래서 항상 즐거운 마음으로 산다고 한다. 벙싯벙싯 웃는 얼굴에는 암 환자라는 말이 거짓말처럼 보인다. 진정으로 가슴 한편에 귀한 손님을 모시고 사는 사람처럼 행복해 보였다. 입가에는 웃음꽃이 묻어있고 한마디 한마디 나누는 대화 속에는 웃음을 동원한 단어들로 줄을 잇는다.

그가 늘 긍정적인 사고로 산다는 건 알았지만 이런 상황에서까지 마음 비울 줄은 몰랐다. 삶 자체가 힘들고 지쳐서 마음을 비웠을 거라고 생각했다. 불치병을 앞에 두고 자신의 신장을 모두 기증하며 그 암 덩이마저 손님으로 받아들일 줄 누가 알았을까. 보통 사람이라면 지나온 날들을 그리기보다 앞으로의 날들을 연장하는 일에 매달렸으련만. 그래서 더 앞당겨 마무리하였으련만. 삶과 죽음의 차이는 백짓장 하나 뒤집어 놓은 것이라는데. 그런데도 그 보이지 않는 것으로 아옹거린다.

그와 헤어지면서 스치는 게 있다면 마음에 청소부터 해야겠다는 다짐이다. 내 안에 찾아올 귀한 손님을 맞이할 준비로. 언제 방문할지 모르는 손님을 위하여 청소를 한다는 것도 나쁘지 않은 것 같다. 복잡한 마음을 비우고 산다는 것처럼 마음 편안 일도 없을 테니까. 불시에 찾아와도 반갑게 맞아줄 자세가 필요하다면 미리 준비를 하는 것도 나쁘지 않을 것 같다.

어쩌면 내 안에도 내가 모르는 사이에 귀한 손님이 찾아와 있는지도 모른다. 그가 말한 것처럼 귀한 분을 모시고 사는지도 모른다. 만약 그렇다면 그 손님이 불편하지 않고 편안한 마음으로 머물다 갈 수 있도록 그렇게 살아야겠다.

(2008. 4. 28)

제2부

풍경

선홍빛 철쭉

부산하게 움직이던 발길이 묶여있는 곳은 군포경찰서 앞 신호등. 쌩쌩 줄달음치는 차들을 바라보다 인도 옆 돌담길로 눈길을 돌렸다. 철쭉과 개나리가 어우러진 곳이다.

이른 봄, 앞 다투어 피어나는 꽃들로 마음을 다 빼앗기던 거리에 앙상한 나뭇가지들만 사르르 떨고 있다. 저 가지들이 자신을 밝힐 쯤이면 이 거리만 아름다운 건 아니다. 더 멋진 한 폭의 풍경화로 물들여진 장면이 곳곳에서 전시된다. 그러나 나는 이 거리를 지나가며 메마른 심신을 달래고 허한 가슴을 채워왔다. 그 아름다움을 놓칠세라 마음속에 넣어놓고 수시로 꺼내보는 거리. 콧속으로 스며드는 향기보다 시야로 들어오는 꽃향기에 마음이 풋풋해지던 곳이다.

그러나 지금은 그 화려하게 피어있던 꽃들도 웅장하게 늘어진 나뭇잎도 모두 다 떨어트린 채 바싹 움츠리고 있다. 살짝 건드리기만 하면 삭정이라도 하나 부러질 것 같은 가지들이 속살 다 드러내 놓고 서로를 감싸

안고 있다. 입김만 스쳐도 바르르 떨 것 같은 가지 속에 어쩌자고 저 선홍빛 철쭉꽃은 홀로 피어있을까. 무슨 말 못할 사연이라도 있는 것일까. 며칠 사이 겨울 날씨답지 않은 기온에 꽃봉오리를 내민 걸까. 제대로 피우지 못한 꽃 한 송이가 혹독한 한파에 홀로 피어 있어 신경을 건드린다.

야들야들한 꽃잎들이 살랑거리며 있어야 할 자리에서 피우지 못한 꽃송이가 박제되어 있음이 볼수록 애처롭다. 사람으로 치면 뜨거운 사랑을 나누다가 어느 한 순간에 멈춰버린 것 같기도 하고, 누군가를 잊지 못하여 애타게 기다리는 것 같기도 하다. 그러나 아무려면 어쩌랴. 제 몸 굳어가는 줄 모르고 피어 있겠다는데.

한 송이의 철쭉꽃 속에는 몇 해 전 일을 떠올리게 한다. 강원도 삼척시 신남 마을에 갔다가 애랑이를 만났다. 그녀는 결혼을 약속한 뱃사공과 행복한 나날을 보내고 있었다. 그러던 어느 날 뱃사공이 먼 바다로 고기잡이를 나가며 사랑하는 애랑이를 바위 위에 내려놓았다. 애랑이는 쉽게 돌아오지 않는 뱃사공을 기다리며 해초를 뜯고 있었다. 그런데 갑작스런 풍랑에 그만 목숨을 잃는다.

애랑이가 있던 곳은 고기들이 많이 잡히던 곳이었고. 그곳에서 잡은 고기로 어부들의 생계를 꾸려 나갈 정도였다고 한다. 그러나 그 후 한 마리도 잡히지 않는 고기에 사공들의 시름은 깊어갔다. 고기잡이를 나가도 번번이 허탕 치고 돌아오는 게 일쑤였고. 한 어부가 화풀이라도 하려고 그 쪽을 향해 소변을 보았다고 한다. 그 후 그렇게 한 마리도 잡히지 않던 물고기가 떼를 지어 몰려왔다고 한다. 남녀의 사랑이 이처럼 간절

할까. 활기를 되찾은 어부들은 애랑이의 원혼을 달래기 위하여 남근을 만들어 바다 속에 바치고 매년 제사까지 지낸다고 한다.

해신당 공원은 입구부터 산꼭대기에 이르기까지 남근으로 전시되어 있다. 남녀의 비극적 사랑이 살아 숨 쉬는 곳에서 나는 새로운 사랑을 느낀다. 공원 전체가 남근으로 되어있어 남근공원이라고도 하는데 그 끄트머리쯤 벼랑에는 애랑이의 신방을 꾸며 놓은 '해신당'이 있다. 한 평도 채 되지 않는 방에서 삼백 년이 넘도록 뱃사공을 기다리는 애절한 애랑이의 사랑. 바다 속에 외롭게 서 있는 애랑이의 동상, 짙푸른 물결이 출렁일 때마다 한 맺힌 소리가 들려올 듯 다가온다. 손 내밀며 애원하듯 서있는 애랑이가 목숨을 잃으면서까지 사랑하는 임을 기다린 곳. 여인의 한이 이토록 진한 빛을 내는가 싶다가도 순박한 여인의 마음으로 다가온다. 쉽게 포기하고, 쉽게 떠나고, 쉽게 잊고 사는 현대인의 사랑은 기다림이란 단어가 무심할 만큼 찾아보기 힘들다.

내 것이 아닌 것을 갖고 내 것으로 만들려다 잃어버리는 것들이 얼마나 많았던가. 채워도 채워도 채워지지 않는 욕심과 사랑을 다 소유하려고 발버둥 치며 살아온 날들. 정작 소중한 것을 잃고도 무엇을 잃었는지조차 모르고 사는 사람들 속에서 때 없이 피어나는 꽃 한 송이가 예사로 보이지 않는다.

이처럼 길을 가다보면 담벼락이든 울타리든 철모르고 피어나는 꽃들을 수시로 만난다. 때로는 참을성 없는 사람 같아서 눈길을 주지 않지만. 기다릴 줄 모르고 제 잘난 맛에 사는 사람 같아서 마음에 두지 않지만.

그래도 그 속에는 사연 하나 들어있는 것 같아 마음이 아플 때가 있다. 선홍빛 철쭉꽃과 애랑이의 가슴에 새겨진 사랑과 그리움이 머물고 있는 것처럼.

살다보면 불현듯 찾아오는 그리움에, 사랑에 기쁨만이 오는 건 아니다. 말 못할 사연 하나로 얼굴 가득 입혀놓은 물감이 지그재그 춤을 추며 선을 그어 놓을 때가 있다. 아름다운 사춘기시절이 아니더라도, 성년이 되어 나누던 사랑이 아니더라도, 감춰둔 첫사랑이 아니더라도, 각각의 사랑 하나쯤 간직하고 살지 않을까. 이성간의 사랑도 부모와 자식과의 사랑도 형제와 이웃 간의 사랑도 자신만이 느끼는 귀한 사랑 하나쯤 마음에 두고 살지 않을까.

선홍빛 철쭉꽃과 사랑을 나누는 사이 파란 신호등이 내 가던 길을 재촉한다. 그 꽃송이에 마음을 담아놓고 하루를 시작한다. 사랑을 찾아 나선다. 한 송이의 철쭉꽃이 못다 한 사랑을 찾아 한 겨울을 가리지 않고 피어나는 것처럼. 애랑이의 애처로운 사랑이 한 겨울에도 그대로 서 있는 것처럼.

(2008. 1. 14)

사랑과 질투

계곡 물줄기가 제법 굵게 떨어진다. 누군가 머물다간 한 평도 되지 않는 자리가 아늑하고 평화롭다. 돌멩이 틈 사이로 흐르는 작은 폭포들이 대여섯 개나 되는 곳에 돗자리를 깔았다. 찰 찰 찰 흐르는 계곡물에 발 담그기는 차가울성싶지만 여름 한낮, 즐기던 풍류를 떠올리며 슬그머니 움직인다. 둥글납작한 돌멩이에 털썩 걸터앉아 허연 다리를 물에 담그고 살아가는 이야기 나누다보면 얼굴에는 꽃물이 든다. 흥겨운 콧노래가 절로 나온다. 음정 박자는 물소리로 대신하고 송편 같은 입술만 벙긋벙긋 움직여도 명가수 부럽지 않다.

처서도 지나고, 찜통 같은 더위도 한 풀 꺾였다. 여름 막바지에 이르러 매미들의 울음이 우렁차게 들릴 텐데 물소리가 요란해서인지 그 흔하던 소리도 들리지 않는다. 짙푸른 도배지를 발라놓은 듯한 숲속에서 곰살맞은 이야기 주고받노라니 신선이 된 기분이다. 바지런한 다람쥐가 손님을 맞이하듯 돌멩이 틈 사이를 들락거린다. 이어서 풍뎅이, 발가락만 달린 거미 등이 엉금엉금 기어 나온다. 쉽게 만날 수 있는 미물들이 맑은 계곡에서 만나니까 더 정겨워 보인다. 다람쥐는 사람들 냄새에 익숙해져 있는지 도망갈 기미가 없다. 우리들이 하는 말을 들어볼 생각인가? 슬쩍 나와서 엿듣고 있다가 눈 마주치면 잽싸게 움직이는 다람쥐가 간만에 신명이 난 모양이다. 돌멩이 끄트머리로 오르락내리락 온갖 재롱을 부리며 아양을 떤다.

돗자리 깔아 놓은 자리 위로는 아름드리나무들이 운치 있게 펼쳐져있다. 아름답게 꾸며진 자연 천장이 만들어진 곳에서 넓적한 돌멩이를 베게삼아 누워본다. 내 집이 아니면 쉽게 눕지 않는 습관이 있어 어색하지만 나뭇잎 사이로 보이는 하늘을 안고 싶어서다. 내 눈앞에는 신랑 측 어머니가 입은 옥색치마 한 자락 같은 하늘이 출렁이고 있다. 나뭇잎 틈 사이로 은갈치 떼 곱게 떠다니며 반짝거린다. 그 평화로운 풍광 속에 사람과 미물들이 한데 어우러져 있다.

꽃봉오리는 화려할수록 벌레가 낀다고 한다. 많은 벌레들이 접근을 한다는 것은 다가오는 대상이 많다는 것이다. 그렇다고 해서 다 해치는 것도 이로운 것도 아니다. 다만 그 화려함에 있어서 본인의 의사와 다르게 피곤할 뿐이다. 푸르디푸른 작은 풀잎이 시들어 가더라도 물 한 모금 얻어먹으면 바르르 살아나는 것처럼 말이다. 긴 기다림 끝에 피어나는 한 송이 꽃은 화려함만 보여준다. 그 이상도 또 그 이하도 바라는 게 없다.

우리들의 진지한 이야기가 이어지는 순간, 두 마리 산새가 날아왔다.

긴 나뭇가지에 앉아 포옹을 하듯이 입맞춤을 하고 있다. 예삿일 같지 않아 넋을 잃고 바라본다. 동물의 세계에서나 보던 장면을 생방송으로 보고 있다. 고것들 하는 행각이 참 귀엽다. 참으로 신비롭고 아름다운 장면이다. 평화로운 자세로 애정을 나누고 있는 산새들, 서로 부둥켜안고 이리저리 몸을 섞는다.

사랑이란 누구의 것이라도 신성한 일인데 그 아름다움 앞에서 방해하고 싶은 심성은 무엇일까. 하긴 날아다니는 잠자리가 짝짓기를 하더라도 갈라놓고 싶은 게 솔직한 마음이다. 하물며 내 머리 위에서 애정 행각을 누리고 있는 새를 보았으니 어찌 그냥 있을 수 있을까. 그들을 방해하고 싶은 충동이 생기는 건 당연하지. 어찌 멀리서 살피는 것으로 만족을 느낄 수 있으랴. 돌 틈에 숨어있던 들쥐처럼 디카를 들고 살금살금 다가갔다. 한 컷 찍은 것 같은데 푸드득 하는 소리와 함께 한 쌍의 산새는 보이지 않는다. 뒤이어 또 다른 산새 한 마리가 날아와 그들의 사랑을 방해한 것이다. 사랑하다 들킨 맛이 저런 것일까 할 만큼 마음이 허하다. 당황하고 놀란 건 사랑을 나누던, 산새도 나도 마찬가지다. 그러지 않고서야 단숨에 저리도 멀리 날아갈 수 없을 테니까. 나뭇가지가 흔들린다. 거센 바람이 스쳐간 자리는 이파리들만 춤을 주고 있다. 순간 만물의 자유를 가진 날개달린 짐승이기에 가능하다는 걸 확신한다.

쭉쭉 뻗은 아름드리나무 사이로 길게 내비치는 수줍은 햇살이 돌아서는 발길을 잡는다. 그러고 보니 내일이 견우와 직녀가 만난다는 칠월칠석 전날이다. 그래서 이곳에 온 나는 뜻하지 않게 산새들 사랑을 본 것인

가. 지금 이 순간에도 내 주위에는 견우와 직녀처럼 그리운 사람을 만나지 못하여 애끓는 사람이 있을 것이다. 그게 동성 간의 사랑이든 이성 간의 사랑이든 사랑을 한다는 것은 즐거운 일 아닌가. 연극도 희극도 아닌 것이 하나의 멋진 작품으로 이어지니까.

보고 싶은 사람을 다 만나며 살 수 없고, 보기 싫은 사람을 다 피할 수도 없지만, 우연이든 필연이든 만나야 할 사람은 만나야 하는 게 자연의 순리요, 진리다.

자연은 받은 만큼 반듯이 되돌려 준다는 진리를 믿는다. 그렇다면 나는 자연을 위해 무엇을 했을까. 장난기 가득한 눈빛으로 산새들 사랑이나 질투를 하였으니. 사랑하다 도망친 산새에게 미안하다. 순수하고 고매한 사랑을 보듬어 주지 못하고 잠시 시기했음을.

건드리지 마

인터넷을 하다보면 이름보다 닉네임을 더 많이 쓰고 있음을 보게 된다. 그래서 처음에는 이름과 닉네임, 얼굴까지 기억하는 일이 혼란스럽다. 그러나 언제부턴가 이름 부를 일이 생기면 그 사람의 닉네임이 먼저 떠오른다. 그만큼 인터넷을 많이 한 탓에 친근감도 있고 나와 가까워진 모양이다.

옹달샘, 하늘호수, 박꽃, 라일락, 심정, 자운영 꽃, 놈팽이 짜식, 돌, 접니다, 건드리지 마 등등 수많은 닉네임들이 컴 속을 휘젓고 다닌다. 닉네임과 그 사람을 자세히 살펴보면 뭔가 모르게 연관되어 있음을 느끼게 된다. 알고 보면 자신과 전혀 동떨어진 닉네임을 사용하는 이는 극히 드물다.

내 닉네임은 옹달샘이다. 몇 해 전, 큰아이 선생님께서 늘 그 모습, 그 자리에 있는 걸 보면 변하지 않는 맑은 옹달샘 같다고 했다. 진심인지 농담인지 모르지만 나는 진심으로 받아들였다. 그러나 문학을 지도하는 선생님 생각은 달랐다. 내 닉네임을 두고 한 말은 아닐 테지만, 흔하지 않아 한 번 들으면 잊히지 않는 닉네임을 사용하라고 하셨다. 그래야 쉽게 기억하고 오래 남는다고 했다. 하지만, 나는 옹달샘처럼 맑고 신선함을 세상 사람들에게 주기 위해 내가 정한 닉네임을 바꾸지 않는다. 부르기도 좋고 친구들도 좋아해서 즐겨 쓰고 있다.

하늘호수, 박꽃, 라일락, 자운영 등과 같이 예쁜 닉네임도 있는가 하면 '놈팽이 짜식'이나 '돌'처럼 남성적인 어감을 주는 닉네임도 있다. 그러나 '놈팽이 짜식'의 주인공은 어감이나 뜻과는 달리 선비 같은 친구다. 생김새도 그렇지만 평소에도 신이 나면 줄줄이 외워대는 한시도 많아 두말 할 것 없는 선비다. 거기에다 유머 감각도 뛰어나니 그 친구와 만나는 자리는 언제나 즐겁다. 또한 '돌'이란 닉네임을 가진 친구는 돌처럼 묵묵히 제자리를 지키고 사는 든든한 이웃이다. 긍정적인 사고를 가진 만큼 몸도 건강하다. 친구 일이라면 시간과 장소를 가리지 않고 앞장서는 정이 많은 친구다.

그러던 어느 날, 친구들 카페에 '건드리지 마' 라는 닉네임이 들어왔다. 호기심이 발동한 나는 새 가족 '인사방'에 들어가 열어봤다. 그가 누구인지 친구들로부터 전해들은 적이 있어 조금은 알고 있었지만, 잘 모르겠다는 내용의 댓글을 달아주었다. 그 친구는 내 이메일에 자신의 사진과 함께 내가 기억할만한 일들을 몇 가지 보내왔다. 사진을 보니까 더 헷갈렸다. 초 중학교 때 모습은 남아있는데 40대 중반에 들어선 모습은 중년의 남성이었다. 닉네임대로라면 감히 누가 건드릴 수 없을 만큼 중

후한 모습으로 변해 있었다.

외모에서 풍기는 모습은 참으로 여유로웠다. 성공한 사장님의 티가 확 났다. '그러니 누가 감히 널 건드리겠니?' 라는 생각이 들었다. 그리고 그런 닉네임을 택한 이유가 무엇일까 라는 생각을 하다 보니 웃음이 비식 새어나왔다. 나도 문학 하는 사람이라 여러 모로 생각하고 닉네임을 정했지만 어떻게 그런 엉뚱한 닉네임을 택했을까. 그도 문학에 관심이 있는 건 아닐까.

나 또한 장난기가 발동하면 그냥 지나치지 못한다. 하지만 상대가 남자인 만큼 쉽게 수화기를 들지 못했다. 그러고 있던 차에 낯선 전화번호와 함께 낯선 목소리가 들려왔다. 의문의 그 친구였다. 잘 됐다 싶어 전화한 목적을 묻기 전에 그런 닉네임을 선택하게 된 사유부터 물었다. 그러나 내 예상대로 쉽게 말하지 않았다. 전화는 끊었지만 그의 닉네임에 대해 더 많은 의문이 생겼다. 그러니 더 건드리고 싶은 마음이 회오리바람처럼 내 안을 돈다. 내 가까이에 산다면 온 종일 달라붙어서라도 묻고 치근대고 싶었다. 그러나 멀리 떨어져 있어 어쩔 도리가 없었다.

그날 밤 나는 이해할 수 없는 닉네임을 놓고 곰곰 생각해 보았다. 참 재미있는 말이다. 그래서 내 나름대로 생각해봤다. 무작정 건드려 봐. 건드리면 어떻게 될까? 건드리지 말라니까 더 건드리고 싶은 심리는 무엇일까. 밤이 깊어갈수록 요동친 장난기가 잔잔한 마음을 흔들고 있었다.

문학 선생님 말씀처럼 오다가다 잠시 눈에 머문 닉네임 하나가 사람의 마음을 이렇게 잡아 놓을 줄 몰랐다. 별스럽지도 않은 말이 가슴에 와 닿을 때가 있듯이 말이다. 한 울타리 안에서 함께 산다는 게 이런 것일까? 그래서 상대방을 잘 몰라도 정을 주고받는 것일까. 사람과 사람 사이는 묘한 감정이 있어 무심코 한 말이 오래도록 남아 있는가 하면, 별안간 보고 싶어지는 사람으로 남기도 한다. 그러다가 누군가 내 마음을 흔들면 가슴앓이를 하지 않는가. 건드리지 않았어도 건드려 놓은 것처럼 마음 흔들릴 때가 있듯이 말이다. 그게 사랑이든 미움이든 간에.

수많은 닉네임들이 아무렇게나 생각나는 대로 지은 것 같지만, 각자의 뜻이 있고 사연이 담겨 있음을 본다. 맑은 물처럼 살고 싶은 의미의 옹달샘, 예쁜 이미지를 간직하고 싶은 꽃 이름의 닉네임, 상식으로는 판단할 수 없는 의미의 '놈팽이짜식' 이나 '돌', 그리고 신경쇠약증으로 시달리는 표정으로 나를 바라보며 말하는 듯한 '건드리지 마' 등. 자신만이 간직하고 싶고 애정이 담긴 닉네임들이 많이 보인다.

건드리지 마! 그러고 보니 우리가 살아가고 있는 주변에는 건드려서 안 될 일들이 수없이 많다. 그리고 그런 일들이 우리를 노려보고 있는 것 같아 마음이 움찔한다.

(2008. 1. 16)

상사화

내소사 가는 길에는 쭉쭉 뻗은 전나무 숲이 있다. 바라만 봐도 마음이 확 트이고 은은한 향기가 몸속으로 스며드는 평온한 길이다. 흐트러지고 엇나간 마음을 올곧게 지켜주는 전나무들, 그 품위 있고 우아한 자태가 마음에 와 닿는다. 한적하고 평화로운 숲길에 노란 꽃들이 드문드문 피어 바람에 흔들리고 있다. 이 꽃이 다름 아닌 상사화다.

상사화는 꽃과 잎이 한평생을 만나지 못해 언제나 서로를 그리워한다고 한다. 그래서 상사화(相思花)인가. 그 애절한 사연에 괜히 마음이 쓰인다.

한 몸으로 태어난 꽃과 잎이 서로 만나지 못하고 평생을 살아야 한다는 것은 무슨 말 못할 전생의 악연인가. 하지만, 매일 만나 물고 뜯고 싸우는 것보다 서로 그리워하며 살아간다는 것은 얼마나 아름다운 인연인가.

그 기막힌 사랑이 어찌 상사화에서 그칠 일인가. 사람도 그렇다. 가슴에 묻어둔 채 앓고만 있는 사랑, 보고 싶은 사람을 만나지 못해 애절하게 그리는 사랑, 사랑은 마음이 가는 대로 따라간다고들 하지만 그것을 감추고 산다는 게 어디 쉬운 일인가. 서로 떨어져 살면서 그리워하는 사랑과, 함께 있어도 마음을 주지 못하는 슬픈 사랑 속에 어떤 사랑이 더 소중하냐고 묻는다면 나는 전자를 택할 것이다. 평생을 만나지 못해도 보고 싶은 마음 하나만 간직할 수 있다면 그런 사랑에 마음을 줄 것이다. 숲속 그늘진 곳에 피어 있는 한 포기의 상사화처럼 말이다.

매창(梅窓)은 유희경이란 남성만을 사랑하며 살았다고 한다. 기녀의 신분이지만 그녀만이 갖고 있는 절개는 상상을 초월한 사랑이었다. 자신의 마음을 한 편의 시로 표현하면서 담아둔 사랑이다.

이화우 흩날릴 제 울며 잡고 이별한 님
추풍낙엽에 저도 날 생각는가
천리에 외로운 꿈난 오락가락 하노라.

매창은 사랑하는 임과의 이별 뒤에도 잊지 않았다. 사랑한다는 내색은 하지 않았어도 자나 깨나 잊지 못하는 임에 대한 그리움이 애틋하다. 멀리 떨어져 있는 임과의 거리를 좁힐 수는 없지만, 임을 향한 마음은 바로 손앞의 지척으로 읽힌다. 그 언저리에는 외로움과 그리움이 서성이고 있을지라도.

부안과 한양이라는, 만날 수 없는 거리에서 사랑하는 임에 대한 보고

픔을 밤낮으로 그리고 있다. 많은 남성들이 손을 내밀고 다가와도 오로지 유희경이란 한 남성만을 가슴 깊이 간직하고 있었다. 찬 기운 속 이른 봄의 그윽한 매화 향기, 그녀의 아호 매창(梅窓)이 새삼스러운 정감으로 내 가슴에 젖어든다.

그런 매창을 사모하던 허균은 그녀의 고귀한 사랑 앞에 고개를 숙였다. 사랑하는 사람을 위해 조금도 흔들림 없이 그 곧은 마음을 지키려는 의지와 사랑을, 또한 옆에서 지켜주려는 허균의 소유하지 않는 사랑이 부럽고 존경스럽다. 이들의 관계는 어지러운 이 시대를 살아가는 우리들에게 참 사랑이 뭣인가를 다시 한 번 돌아보게 한다.

사람들은 애인이 없으면 바보라는 말을 쉽게 한다. 그만큼 자유로운 삶을 살고 있는 건지 애인 없는 사람이 없다는 건지. 혼란스러운 것이 한두 가지가 아니다. 내가 하면 로맨스요, 남이 하면 불륜이란 말도 참 편하게들 한다. 그래도 우리 사회가 다 그런 삶을 사는 건 아닌데. 더러더러 드라마 속 주인공을 흉내 내는 바람에 순수한 만남까지 불륜으로 바라보는 일들이 있기도 하다.

그러고 보면 사랑이란 뜻밖에 찾아오는 불청객과도 같다. 나도 모르는 순간 내 안에 찾아와 자리를 잡고 앉아 떠날 생각을 않기 때문이다. 그렇다고 다 좋은 건 아니지만, 가끔은 잃어버린 마음도 아름다운 추억도 되살려 주곤 하지 않던가. 산기슭에 피어 있는 작은 들꽃들에게나 감성과 이성을 가진 인간에게나 없어서는 안 될 소중한 것이 사랑이다. 누군가가 나와 함께 한다는 그것만으로도 행복을 느끼는 따듯하고 아름다운 나눔이다. 그런 마음의 나눔이 여러 가지 색깔로 곱게 피어나는 것이 꽃이 아닌가 싶다.

화려하게 피어있는 꽃들은 그 색상이나 향기로 대신하지만, 우리들 사람꽃은 서로에게 미움을 주지 않고 아픔을 주지 않고 그리움과 고통을 주지 않는 게 가장 아름다운 꽃일 것이다. 사랑하기에 그립고, 사랑하기에 보고 싶은 마음이 작은 봉오리로 맺혀 있다가 언제든지 피어날 테니까. 설령 그 꽃이 피지 못하더라도 아름다운 꽃으로 남아 있을 테니까.

매창과 유희경의 사랑이 그랬다. 평생을 그리며 아름답게 피워낸 한 송이의 꽃이었다. 그래서 오랜 세월이 지난 지금까지 우리의 마음에 남아 있는 것이다. 그들의 사랑은 화려하지도 진한 향기도 요란하게 풍기지 않았건만, 우리 마음속에 깨끗하고 아름다운 사랑의 꽃으로 영원히 살아 있다. 상사화는 만날 수 없는, 애틋한 사랑이고 인연이기에 오히려 우리 곁을 떠나지 못하고 있는 것이 아닌가 싶다.

재스민을 키우며

시댁에 세든 이가 재스민 몇 그루를 주었다. 내가 다 키우기에는 벅차다 싶어 몇 그루는 꽃을 좋아하는 친구에게 보내고 나머지 세 그루만 키웠다. 봄부터 초가을까지 이파리 무성하게 자란 재스민을 겨울로 가는 길목에서 거실로 들여놨다. 양지바른 창가에서 무럭무럭 자란 재스민은 이듬해 봄, 깜짝 쇼를 하려는 듯 보랏빛 꽃망울을 다닥다닥 달아놓았다. 내가 꽃을 좋아한다는 것을 알아차린 모양이다.

산모가 아이를 출산하면 수시로 수분을 섭취해야 하는 것처럼 꽃나무도 꽃을 피우려면 수분이 필요하다고 했다. 꽃망울이 맺혀있으니 수시로 물을 주었다. 어쩜 이리도 예쁘게 생겼을까. 언제쯤 나랑 눈 마주칠까. 꽃봉오리를 바라보며 옹알이하는 아이 다루듯 속삭인다. 귀여운 재스민은 답변이라도 하려는 듯 사르르 몸 흔들어 반겨 주었다.

앙증맞은 꽃망울들이 톡톡 터지면서 집안 분위기가 달라졌다. 보랏빛 꽃망울은 천연의 향기로 거실 가득 채워놓고 벙싯거린다. 내 얼굴에도 화사한 웃음꽃이 피어오른다. 재스민 몇 그루가 주는 행복은 스펀지에 물 스며들 듯 온 몸으로 흡수되는데 반갑지 않은 진딧물이 심술을 부린다. 끈적거리는 진딧물을 수시로 잡아보지만 번식이 강해 당할 재간이 없다. 무성한 이파리는 하나 둘 오그라들었다. 병이 든 재스민을 베란다 한쪽 끄트머리로 내다놓았다. 화려했던 꽃망울이 사라진 앙상한 가지로 볼품없이 변해 있다. 그래도 나는 그 나무를 버리지 못하고 애지중지 보살핀다.

시들어가는 재스민을 바라보며 그의 삶을 떠올려본다. 빈곤에서 막 벗어날 칠팔십 년대 재스민의 무성함처럼 풍요로운 삶을 누렸다. 그 무엇 하나 부족함 없이 일직선으로 나아갔다. 그렇게 탄탄대로로 뛰어가던 길에 태풍이 들이닥친 것이다.

그 후, 그를 만나지 않았다. 간간이 들려오는 소식만 전해 들었다. 그런데 십여 년이 지난 어느 날 그로부터 전화가 걸려왔다. 나도 그가 어떻게 살고 있는시 한번쯤 반나보고 싶었다. 그러나 내 앞에 나타난 그는 삭발이 되어있었다. 간암말기라는 진단을 받고 몇 해 치료를 받았다고 한다. 그때는 항암제를 투여하는 중이라서 음식도 정신도 신경이 쓰인다고 했다. 그런데도 그의 얼굴에는 웃음꽃만이 피어있다. 재스민 같은 향기가 여전히 남아 있다. “내일 죽어도 오늘은 오늘이다.” 라는 말을 아끼지 않는 것도 그다운 말이다. 그랬다. 그때도 그렇게 긍정적인 사고로 매사에 적극적이었다.

그가 이토록 환하게 웃고 있는 것도 그 마음이 남아있기 때문이다. 몸이 좋지 않아 병원에 갔을 때 의사선생님은 한 가닥의 희망도 주지 않았다고 한다. 주변 것들을 정리하고 마음 편안하게 있으라는 말밖에. 병실을 나온 그는 하늘이 무너지는 순간이었지만 다시 들어가 자신의 몸에 있는 장기를 기증하기로 서약서를 썼다고 했다. 그렇게 마음을 비우고 병원을 나오는데 살아온 날들에 대한 후회도 미련도 없었다고 했다. 그리고 마음 편안하게 눈 감을 일만 떠올리며 하루하루를 즐겼다는 것이다.

삶의 희망이 2퍼센트도 안 된다는 진단을 받고도 부정하지 않은 그였다. 죽음을 눈앞에 두고 마음 비우기가 어디 쉬웠을까. 자신의 장기를 남에게 준다는 건 더더욱 어려웠을 터인데. 그렇게 모든 것을 내놓고 차분하게 정리하고 있었다.

그의 한 마디는 가슴을 울컥하게 한다. 세상을 살다보니 '내 것이 아무것도 없더군요.' 그 결론을 내린 마음이 오죽하였을까. 그러나 오히려 마음이 편했다는 그가 2년 남짓 정상적인 생활을 하고 있다. 암환자라는 말이 믿겨지지 않을 만큼 건강해보였다. 세 치도 안 되는 마음 하나 비운다는 게 저리도 홀가분한 일인가. 그런데도 불구하고 마음 비워내지 못하는 일들이 수두룩하다. 그러고 보면 내 몸에 있다고 해서 내 것은 아닌가보다. 다만 내 것으로 움켜쥔 채 살아가고 있었나보다. 내 것이 아닌 것을 내 것으로 착각한 채 끊임없는 욕망에 휘말리고 살았나보다.

화려하게 꽃피운 재스민도 진딧물에 의하여 몸살을 앓고 있다. 생명줄 이어갈 진액이라곤 한 방울도 남아있지 않은 것 같다. 혹독한 홍역이라도 치르는지 누렇게 말라가고 있다. 보기가 흉해도 쉽게 버릴 수가 없어 베란다 한쪽으로 밀쳐 놓았다.

어느날, 죽은 줄만 알았던 재스민은 그의 삶처럼 푸른빛으로 돋아나고 있다. 말라버린 나무에서 푸른 싹이 틔어 나온다. 그 모습을 보며 생명의 줄기는 마음대로 되지 않는다는 걸 새삼 느낀다.

재스민은 화려하고 멋진 꽃을 피우려고 애쓰지 않았다. 주어진 자리에서 욕심 부리지 않고 제 몸에 있는 아름다움과 향기를 드러냈을 뿐이다. 천연의 향기와 화사한 꽃으로 온갖 사랑을 다 나누어 주었다. 이른 봄 서둘러 꽃망울을 터트린 것도 재스민만이 갖고 있는 사랑이었으리라.

재스민을 거실로 들여다 논다. 내 가까이에 두고 그 아름다운 사랑을 나누고 싶기 위함이다.

(2008. 3. 12)

소리들의 봄

습한 기온이 대지 위를 걷는다. 연일 흐린 날씨는 마음을 차분하게 한다. 지상에 있는 존재들은 침묵을 지키는데 지하에 있던 존재들은 꿈틀거리는 시각이다. 머지않아 서로 만난 날 기다리며 분주하게 움직이고 있다. 살얼음 반들반들한 대지 위를 들썩일 여린 새싹들은 그 살갗이 겪을 아픔은 아랑곳 않고 마주쳐 인사 나눌 일만 생각할 것이다.

암흑 속에 묻혀있던 한 생명이 푸른 싹을 돋아내는 데에는 많은 사연과 시간이 걸린다. 크고 작은 뿌리들이 얼기설기 뻗어있을 공간에서 잔뜩 움츠리고 있다가 간신히 피해있던 여린 새싹들이다.

곱게 물든 묵은 잎들이 맘껏 뽐내지도 못한 채 제 몸 삭이면서 떨어진 자리에도 새싹은 돋아난다. 그 모습들을 가만 들여다보면 안쓰럽고 대단한 것이 예사로 보이지 않는다. 작은 입김에도 날아갈 것 같은 가랑잎들이 외로운 나무 밑동에서 자리를 잡고 겨울을 났다. 긴긴 겨울날, 눈보라와 강한 비바람에도 흩날리지 않고 있다가 새봄이 되면 한 줌의 거름으로 거듭난다. 자신의 자리가 구질구질하다 해도 누군가의 자리에 빛을 주기 위하여 기꺼이 스러진다. 손에 쥐면 바스락거려 삭아 내릴 것 같은 나뭇잎은 새로운 싹이 일어설 수 있도록 슬그머니 물러서서 자양분만 나누어 준다.

그래서일까? 갈기갈기 찢겨진 갈색의 나뭇잎을 보면 오랜 시간 같이 한 사람처럼 정감이 간다. 갖은 허물 다 드러내어도 부담 없는 사람처럼 편안함을 준다. 닳고 닳은 사람이 아닌 메마른 가지에서 새순 돋아나는 듯한 풍요로운 사람을 보는 것 같다. 화려했던 색상이 흔적 없이 바랬어도, 아름답던 개성과 품위를 다 잃었어도 정감이 간다. 손대면 팍 사그라질 것 같은 삭음이 있어 조심스럽게 다가서고 싶은, 그래서 더 감싸주고 싶은 연민이 생긴다. 완벽하게 갖춰진 것보다 허술한 면에서 진실을 찾아내듯 어딘가 모르게 부족한 듯해야 다가서고 싶다.

한 포기의 풀들은 살아 있는 동안 아웅거리거나 다투지 않는다. 여린 잎 마주치면 나풀나풀 흔들서리고, 좋은 자리 차지하려고 설치지도 앞서지도 않는다. 좀 뒤졌다고 해서 성급하게 일어서지도 않는다. 사방팔방 뻗어오는 새순과 가지들의 갈 길을 막지도 않는다. 자유롭게 질서정연하게 살아간다. 고만고만한 이파리 한 몸 같지만, 한 잎 두 잎 자라면서 제 모습을 드러내고, 꽃망울이 터져야만 수종을 확실하게 알 수 있다.

그 많은 시간 지나면서 들썩이지 않고 조용히 아주 조용히 움직인다. 꽁꽁 얼어붙은 땅속에서 견뎌내는 동안 서두루지 않았다. 바깥으로 나오기 위한 고통, 미리 예상하지 않고 오로지 자신의 몸 움트는 일에만 곤추

세웠다. 그렇게 걸어온 길에서 만나는 봄은 기쁨도 슬픔도 한데 어우러졌다.

그게 잡풀이든 화초든 삶의 일부이거늘, 어찌 꽃이 피는 동안 행복만 있었을까. 그 자리 지키면서 말 못할 사연 구석구석 남아있을 터인데. 길 옆 찻길에서 수없이 짓밟히며 살아온 꽃도, 콘크리트 틈바구니에서 뻗어가는 꽃도 그것들의 자리는 늘 아슬아슬하다. 그런데도 물러서지 않고 당당하게 지켜간다. 밟으면 밟을수록, 뽑히면 뽑힐수록 더 단단하게 자리를 잡는다. 그래서인지 잡풀들이 자리 잡고 있는 공간은 협소해도 아름답게 보인다.

따져보면 허름한 틈서리 차지한 꽃들은 화사하지도 돋보이지도 않는다. 그저 몸 붙여진 곳에서 있는 둥 마는 둥 초라하게 서 있다. 작으면 작은 대로 휘어지면 휘어진 대로 소박하고 평범하게 자란다. 이름 모를 풀들이 울타리 안에 있거나 밖에 있거나 강하게 살아가고 있는 것을 본다. 보호막이 없어도 꼿꼿하게 자리 잡은 채 생명줄 이어가고 있다.

나는 그런 잡풀 속에서 한 여인을 본다. 화사하지 않고 가녀린 몸이다. 바람이 불면 그대로 휘어질 것 같지만 그래서 온실 속 화초 같은 여인이다. 너무도 평이해서 너무도 소박해서 쉽게 드러나지 않는 그녀였다. 그러나 그녀는 든든한 나무처럼 흔들리지 않았다. 그녀의 주변이 흔들려도 현실에 부딪치어 휘청거릴 뿐이었다. 무엇 하나 잡고 일어설 수 없는 벌판에서 바람 불어 흔들리면 흔들리는 대로 눈보라가 들이닥치면 들이치는 대로 그렇게 받아들이고 말이다.

화사한 꽃 속에는 그녀의 웃음이 배어있다. 그러나 그 아름다움 앞에는 안쓰러움이 숨어있다. 그녀가 지니고 있었던 화려한 모습, 그것을 잃지 않으려고 발버둥 치며 살아온 날들이었다. 그 자리 지키려고 많은 날들을 외롭게 보냈다. 그것이 하루아침에 물거품될 줄도 모르고 말이다. 아무도 도와주지 않았지만 그 많은 날들을 힘들게 견뎌내었다. 그 화려했던 시절을 힘없이 내려놓고 소박하게 살아야 했다.

화려하게 핀 꽃잎일수록 떨어질 때는 추하게 보이지만, 잡풀에서 피어난 한 송이 꽃잎은 당당한 자세로 말끔하게 진다. 완벽하게 갖춰진 사람보다 적당하게 갖춰진 사람처럼 말이다. 그렇다. 가진 게 없어도 풍기는 것 없어도 적당하게 갖춰진 사람이라면 정감이 간다. 그런 사람이라면 잡풀로 다가와서 예쁜 꽃으로 피어나는 사람일 것이다. 나는 지금도 그런 사람을 기다린다.

(2009. 3)

비행

창공을 날던 독수리가 번번이 먹잇감을 얻지 못하자 숲 속 모퉁이에 주저앉았다. 삶을 포기한 독수리는 자신의 신세를 한탄하며 힘든 세상을 원망하고 있었다. 마침 그 앞을 지나던 지도자 독수리는 지쳐있는 독수리에게 말을 건네 온다. 그리고 웅장한 자신의 날개를 쫘악 펴보였다. 그 안에는 크고 작은 상처들이 따개비처럼 박혀있었다.

산다는 게 그리 쉬운 일인가. 지도자가 된다는 것이 그리 쉬운 일인가. 찢기고 밟히고 쓰러지고 수많은 구설수에 오르내리고. 그렇게 해서 올라온 자리도 순간의 실수는 허용하지 않는 게 현실인 것을. 그 안에 어떤 고민이 들어있는지 어떤 상처가 들어있는지 모르는 것을. 다만 그 자리를 우러러 볼 줄만 알았지 숨겨진 아픔은 모르는 것을.

이처럼 보이지 않는 아픔과 상처를 갖고 살아간다는 게 지도자들만 있는 건 아니다. 우리 주변에는 수많은 사람들이 그런 고통을 지닌 채 살아가고 있다. 어린 아이부터 어른들에 이르기까지 말 못할 사연 한 두 가지

쯤 없는 사람이 어디 있을까. 서로 다른 문제를 갖고 고민하면서 살지만 말하지 않을 뿐.

지도자 독수리의 감춰진 상처를 보고 희망을 얻은 독수리는 비행을 시작했다. 늘 우러러본 지도자의 가슴에도 감당하지 못할 여운이 들어있기 때문이다. 그 자리 지키기 위하여 외롭게 싸운 날들을 깨달았기 때문이다. 칼바람에 부딪친 상처 아물기도 전에 쉬지 않고 날았을 지도자, 남들이 쉬고 있을 때 하염없는 비행으로 그 자리 지켜왔음을 알아냈기 때문이다.

어느 자리라도 지도자는 있기 마련이다. 동네 아낙들의 모임에서부터 학생들, 문화를 즐기는 모임, 스포츠를 즐기는 모임 등. 사람이 있는 곳에는 두세 명만 모이면 각각의 의견이 나온다. 친하게 지내온 사이도 생각이 다르면 상대방의 가슴에 상처를 준다. 지우고 싶어도 지울 수 없는 말 한마디로 곪을 때가 있다.

하물며 정치를 하는 지도자나 기업을 하는 지도자나 얼마나 많은 상처를 딛고 그 자리를 지켜왔을까. 자신의 의도와 다르게 움직여야 하는 일로 고민하며 따가운 시선 받아내는 동안 마음 편안할 날 없었을 것이다. 그런데도 그들을 바라보는 시선은 땅거미 지는 숲 속을 들여다보는 듯하다. 문제될 일 하나만 보인다 싶으면 흠 잡아 흔들어댄다. 내 일이 아닌 타인의 일이라서 쉽게 판단하고 결론을 내리는지 모르겠지만 귀한 물건 담아 놓은 광주리가 실바람에 의해 엎어지듯 한다.

길거리를 나서면 대선의 목소리가 물수제비처럼 울려 퍼진다. 국민을 대표할 지도자들이 나와 자신에게 한 표를 달라는 아우성이다. 나약한 국민들은 멋진 지도자를 찾기 위하여 공약 하나하나에 귀 기울인다. 홍보 인쇄물에 적힌 글자 하나하나를 유심히 바라본다. 어느 지도자가 더 많은 상처를 안고 사는지. 어느 지도자가 더 많은 상처를 숨기고 살아왔는지. 마음속에 상처 없는 지도자는 없을 테니까.

용맹스런 독수리가 제 몸에 있는 상처를 보이지 않고, 감춰진 상처 다 드러내지 못하고 지켜온 자리였다. 자신의 몸은 찢기고 도려내는 아픔이 있어도 나약한 독수리를 만나면 도와주지 못하여 마음 아팠을 것이다. 그래서 흘린 눈물 가슴에 묻고 살았을 것이다. 작은 고통 하나 들어주지 못한 심정 광야의 마음으로 포용하며 보듬어온 날들이다. 한 마리의 지도자 독수리가 살아온 험난한 길을 깜냥이라도 알아줄 독수리가 있을까만 그런 지도자는 있다.

멋진 지도자를 뽑는 것도 어려운 일이지만 그런 지도자를 만나는 것은 더더욱 어려운 일이다. 내가 선택을 하고도 후회하고 남이 선택을 하면 더 미워하고. 그런데도 그 자리에 서기 위하여 가족과 이웃, 친지 등 가까운 사람들에게 많은 흠집을 낸다. 이성을 가진 사람들이라 삶의 목적과 가는 길이 다르다지만 선택의 폭이 다양한 만큼 상처의 부위도 다양하다.

나약한 국민을 보호할 지도자를 뽑는 날도 머지않았다. 그들은 오늘도 초바늘보다 더 빠르게 움직인다. 국민들의 한 표를 얻기 위하여 밤낮을 가리지 않고 뛰어다닌다. 가슴에 수많은 상처 남겨가면서 멋진 지도

자가 되기 위한 비행을 한다. 그 길이 외롭고 험한 비행일지언정 긴장의 끈을 놓지 않는다. 한 마리의 독수리가 날개를 쭉 펴서 비행을 하듯 그렇게 뛰어다닌다. 잠시도 편안하게 앉아 쉴 틈 없이 바람에 쫓겨 날아다니는 가랑잎처럼.

(2007. 12. 5)

고추잠자리

산본역 광장에는 많은 사람들이 오고간다. 넓은 공간 발 디딜 틈 없는 곳에 작은 여인이 광고지를 들고 바쁘게 움직인다. 산본이란 신도시가 들어서면서 그녀의 모습은 하루도 빠지지 않고 나타났다. 수많은 상가마다 그녀의 손길이 닿지 않은 곳 없을 만큼 이른 아침부터 저녁 늦게까지 그녀의 하루는 분주하다.

바쁘게 움직이는 걸음을 잡아놓는 그녀에게 따가운 시선 보내도 방긋 웃는다. 두 볼에 달라붙은 미소는 떠날 줄 모르고 날렵한 몸짓으로 사람과 사람 사이를 따라 다닌다. 잡히지 않는 고추잠자리처럼 재빠르게 움직인다. 내게 불필요한 부동산 광고지를 주면 귀찮은 듯 고개를 돌리고 내게 필요한 음식점이나 생활에 관한 광고지를 주면 반갑게 받아갔다. 야무지고 차돌같이 생긴 그녀는 비가 오나 눈이 오나 손에 든 광고지를 한결같은 자세로 주고 또 주고 있다. 아마도 그 일이 천직이 된 모양이다.

처음 그녀를 만났을 때는 이해할 수 없었다. 온종일 수시로 만나는데 돌아서면 또 주는 게 머리 나쁜 사람 같았다. 그러나 그런 일이 되풀이되다 보니 이해가 갔다. 우리는 그 한 사람만 지켜보았지만 그녀는 수많은 사람을 어찌 다 기억할 수 있을까. 설령 기억한다 할지라도 그 일이 끝나야만 하루 일이 끝나는 걸. 수많은 사람들 속에서 그 일 한다는 것도 대단한 용기 아닌가. 이십여 년이 지난 지금도 손 놓지 않고 일하는 그녀가 다시 보인다.

고추잠자리는 한 겨울이 되면 나타나지 않는다. 더운 여름부터 늦가을까지 끝없는 비행을 하기 위하여 쉬고 있는 모양이다. 가냘픈 몸으로 하늘을 날아다니며 낭만과 추억 만들어 놓을 일 찾고 있는 것 같다. 그러나 산본역 주변의 그녀는 한겨울에도 쉬지 않는다. 온 몸 부들부들 떨면서 콧등이 새빨갛게 얼어도 산본 시내 상가들의 전단지를 돌리고 있다. 찬바람 불어와 옷깃을 스쳐도 긴 패딩잠바에 의지하고 쉬지 않는다. 가족의 생계 때문인지 쉬지 못하는 성격 때문인지 피곤한 몸 잠자리에 누울 틈 없이 움직이고 있다.

한여름에는 이마에 맺힌 땀 뻘뻘 흘리며 뙤약볕에 서 있어도 피곤한 기색이 없다. 누가 반기지도 않는 광고지를 들고 연신 나누어준다. 고운 눈빛이든 나쁜 눈빛이든 신경 쓰지 않는다. 말없이 받아가는 사람을 만나면 공손히 인사하고 외면하는 사람을 만나면 달라붙어 설명을 한다. 그래도 피해가면 악착같이 따라붙는다. 그럴 때마다 그녀를 바라보는 시선이 곱지 않았다. 그러나 한 해 두해 지나면서 측은함과 함께 활력도 얻어갔다. 상대가 어떤 눈빛으로 바라봐도 눈꼬리 한번 찌푸리지 않고 오로지 제 할 일만 성실히 한다. 이제는 그녀를 볼 때마다 누구의 도움 없이 하늘을 날며 꿈과 낭만을 남겨주는 고추잠자리를 보는 듯하다.

그녀는 때때로 일거리를 갖고 나타나지만 고추잠자리는 칙칙한 장마가 끝나고 나면 자기 세상을 만나기라도 하듯 무리지어 날아다닌다. 맑은 하늘을 빙글빙글 돌며 많은 사람들의 눈길을 잡아 놓는다. 군청색 하늘이 반기지 않아도 제집 드나들듯 줄줄이 나타난다. 강렬한 햇볕에도 자신의 자리 과감하게 내보인다. 새빨간 몸 달아오르도록 날아다닌다. 산들바람 슬렁대면 가벼운 몸짓 나풀거리며 잔잔한 마음 흔들어 놓는다. 강한 열정 어디까지 내보이려고 저토록 높이 떠 있을까. 끝없는 욕망 하늘까지 닿은 마음 잔뜩 부풀리고 있다. 그토록 날아도 지칠 줄 모른다. 잽싸게 움직이는 몸짓 잡히지도 않는다. 날렵한 몸짓으로 자신의 재능을 마음껏 펼친다. 가는 곳마다 동그란 원 하나 그려놓고 누구도 침입하지 못하게 빈틈을 주지 않는다.

그녀가 준 광고지 안에는 여러 종류의 내용이 들어있다. 일자리, 음식, 부동산 정보 등 다양한 용도다. 그렇게 받아든 광고지는 누구의 손에 쥐어지냐에 따라 그 쓰임이 천차만별이다. 쓸모없는 종이에 불과할 수도, 일거리를 찾아갈 수도, 맛있는 음식을 소개받을 수도 있지 않은가. 그런 과정에서 일거리를 찾아 고마움을 느낀 사람도, 맛있는 음식을 찾아 허기진 배를 채운 사람도 있을 것이다.

바쁘게 움직이는 그녀는 빨간 고추잠자리였다. 일 년 열두 달을 하루도 쉬지 않고 늘 그 자리에 서서 같은 일을 반복하는 그녀. 온몸 가득 달

귀진 열정 지칠 때도 되었건만 쉬어갈 줄 모른다. 누군가의 마음에 푸른 꿈을 채워주며 자신의 몸을 불태우고 있다. 맑은 날이든 궂은 날이든 가리지 않고 제 할 일만 한다. 그녀의 주변에는 늘 북적이는 사람들로 빈틈이 없다. 우르르 밀려왔다 우르르 밀려가는 사람들 속에 한가로이 앉아 쉴 틈 없이 뛰어다닌다. 창공을 나는 고추잠자리나 지상을 뛰어다니는 그녀나 외로운 비행을 하는 것 같지만 그 안에는 분명 포근한 행복이 들어 있을 것 같다.

맑게 갠 가을하늘, 바지랑대 끄트머리에는 빨간 고추잠자리 한 마리 여유롭게 앉아서 쉬고 있다. 근심걱정 하나 없이 평화로워 보인다. 늘 분주하게 움직이더니 자신의 꿈을 찾았나보다. 평화롭게 앉아서 낮잠까지 잔다. 그러나 그 주위에는 제 할 일 찾아 요리조리 날아다니는 고추잠자리도 수없이 많다. 누군가의 손에 잡힐 듯 말 듯 하지만 잡히지 않는 고추잠자리. 하루 일 마감할 때면 더 바쁘게 날아다닌다. 사람들이 오고 가는 길목을 떠날 줄 모르고 몰려든다. 그 작은 공간속에 간직할 수 있는 희망이 있다면 나도 하나 넣어두고 싶다.

(2007. 9. 4)

긴 머리를 자르며

긴 머리 나풀거리며 사진을 찍었다. 필름 사진이라 2-3일은 지나야 찾아오는데 사진을 맡긴 후배들은 한 장 한 장 가져와서 나를 궁금하게 했다. 성질 급한 나는 후배들을 앞세워 사진관으로 갔다. 작은 공간의 사진관 남자는 첫 대면이 어색하지 않게 싱글거린다. 나를 바라본 그는 벽에 걸린 액자 속 모델보다 더 예쁠 것 같다며 앉아보라고 한다. 그것도 눈웃음을 살살 치면서. '치, 나를 언제 봤다고 말할 틈도 주지 않고 저런 여유를 부린담.'

6, 70년대 사진관에 가면 정윤희 유지인 노주현 등 탤런트들이 한 쪽 벽면에 큼지막하게 차지하고 있었다. 나를 그들에 비유를 한다는 게 싫지는 않았지만 곧 촬영할 기세여서 사진이나 달라고 재촉을 했다. 그는 사진 한 장 찍으면 준다고 한다. 기가 막혀 그를 째려보고 있는데 분위기가 좀 어색했던 모양이다. 같이 간 일행이 그쪽 편을 드는 바람에 원치 않는 사진을 찍게 되었다. 그게 남편과의 첫 만남이다.

남편은 짧은 머리를 싫어했다. 게다가 옷을 한 벌 사더라도 자기 스타일에 맞추다보니 내 개성이라곤 찾아볼 수 없었다. 그게 당연한 일이라고 생각하며 살아온 게 삼십여 년이다. 그러나 나도 나이가 드는 모양이다. 옷도 내 마음에 드는 걸로 사 입고 싶고 머리도 내 마음대로 잘라보고 싶다.

긴 머리를 자르기 위하여 미용실에 갔다. 대형 거울 앞에 앉았는데 손님을 맞이하는 원장의 눈빛이 아니다. 뭔가 아쉬움이 가득한 듯 긴 머리카락만 만지작거린다. "정말 후회하지 않겠어요? 모발이 건강해서 탐이 나는데 아까워서 자를 수가 없어요?" 하며 거울 속의 내 얼굴과 머리를 번갈아 바라본다. 나 또한 미용실에 들어오기까지 많은 날을 생각했다. 그러니 시간이 지나면 마음이 변할 수 있는 일인데 왜 이렇게 뜸을 들일까. 아쉬움을 따진다면 내가 더 할 터인데. 초바늘은 쉬지 않고 움직이는데 원장의 손놀림은 그대로다.

그렇게 얼마나 있었을까. 긴 머리를 목선에 대고 싹둑 잘라내었다. 싱싱한 머리카락은 힘없이 떨어진다. 순간 당황한 나는 시원함과 아쉬움이 교차했다. 그러면서도 취업난에 부딪치어 곤욕을 치르는 현재의 사회상을 보는 것 같아 마음이 편치 않았다. 지금 이 시간에도 이처럼 잘려나가는 가장이 얼마나 많이 있을까. 입이 있어도 말을 못하고, 눈을 뜨고도 눈 감아야 하는 일들이 수두룩한 현실이 안타깝다. 거울 속에 비친 내 머리카락처럼.

그러나 머리를 자른 원장의 얼굴은 조금 전과는 달리 흐뭇한 표정이다. 야릇한 미소를 지으며 속이 다 시원하다고 했다. 짧은 머리를 만지면서 답답함을 긴 머리에서 찾는다고 한다. 긴 머리가 잘리는 그 통쾌함은 헤어디자이너들만의 공통된 느낌이란다. 그는 긴 호흡과 함께 쌓인 스트레스가 확 풀렸다고 한다. 그 말을 듣고 보니 땅에 떨어진 머리카락에 대한 서운함이 더해 기분이 묘해졌다.

그래, 몇 해 전 IMF를 맞이했을 때 오너의 입장도 저랬을 것이다. 가족처럼 친지처럼 이웃처럼 의지하고 믿고 함께 일하던 직원을 잘라내야 하는 일이었는데 어찌 마음 편하게 정리했을까. 그들이 나가서 설 자리 하나 마련되지 않은 상태에서 내보내지 않았던가. 오로지 자신에게 돌아올 이익을 위해서 저토록 과감한 결론을 내렸을지도 모른다.

그때 그 한파는 사회 곳곳에서 빙산처럼 남아있다. 사회가 어지럽고 가정이 흔들리는 시대에 살면서 잘라내야 할 일들이 수없이 많다하지만 쉽게 자를 수 없는 일들이 비단 머리뿐일까. 한 그루의 나무라도 제 몸에 달라붙은 삭정이를 잘라낸다는 게 쉬운 일이 아닐 터인데. 밉든 곱든 자르려고 마음먹으면 몇 번이고 생각하고 고민하는 걸. 하물며 내 사람을 잘라내야 한다는 것도 쉬운 일은 아니었을 것이다. 나는 머리카락 하나 자르는데도 일 년 남짓 고민한다. 그리고도 무슨 미련이 남는지 잘려나간 머리에 대하여 후련함과 아쉬움을 갖는다.

하물며 한 사람을 정리한다는 건 한 가정의 생계가 걸려있는 일이다. 그러니 한 토막의 나무처럼 무디게 서 있을 수도 없고, 변화의 흐름에 물러설 수도 없는 일이다. 한 포기의 들풀도 쭉쭉 뻗은 아름드리나무도 그 당당했던 기업도 흔들리기 시작하면 힘없이 무너지는 게 요즘 시대다. 한 순간 내 머리카락을 붙들고 망설이고 있던 원장의 마음도 그랬을 것이다.

대부분의 머리카락은 잘리는 순간 쓰레기통으로 들어간다. 그러나 다 그런 건 아니다. 더 멋진 가발로 나타날 수도 있다. 하찮은 존재에서 멋진 패션으로 변신할 수도 있다. 일선에서 물러선 사람이라고 해서 제 할 일을 못하는 게 아니듯이. 새로운 일자리를 찾아 더 번듯하게 서는 사람들도 있다. 한때 당당했던 가장이 한 발 움츠렸다고 해서 다 주저앉지 않는다. 빈 공간인 것 같지만 알토란같은 공간도 있다. 나는 그대로 서 있는데 머리카락만 내팽개쳐진 것처럼, 그래서 아무런 쓸모없는 물건인 줄 알았지만 새롭게 나타나는 것처럼 말이다.

하나를 버리면 또 다른 하나를 얻을 수 있는 게 우리들의 삶이다. 그래서 지나온 일에 연연하지 않고 현실에 부딪쳐서 견뎌내는 것이다. 긴 머리에서 짧은 머리로 변한다고 내가 다른 사람이 될 수 없듯이 말이다. 짧은 머리를 본 남편은 오히려 더 젊어 보인다며 좋아했다. 긴 머리의 고상함에서 짧은 머리의 발랄함을 느낀 모양이다. 머리카락이든 해고당한 직원이든 잘려졌다고 해서 다 잃는 게 아니었다. 그 섭섭한 마음은 순간일 뿐, 시간이 지나면서 더 새롭게 변신하는 일도 생긴다. 그래서 세상은 공평하고 살맛이 난다. 잃은 만큼의 얻는 즐거움도 가져다 주니까.

(2008. 11. 7)

풍경

전동열차를 탄다. 목적지를 정하지 않고 개찰구를 비집고 나설 때가 있다. 서울 시내로 들어서기보다 천안행을 탄다. 지금은 신창까지 연장되어 종착역이란 낭만이 사라졌지만 그땐 그 길이 좋았다. 그 노선을 택한 건 역에 도착하면 누군가 나와서 반겨줄 것 같아서다. 비가 오면 우산을 들고 햇볕이 쨍쨍하면 에어컨 시원하게 가동시킨 차 대기해 두고 역전 입구에 나와 있을 것만 같다. 그 기대가 물거품이 되어도 역전 언저리 어딘가에 그리움 하나 매달려 있을 것 아닌가. 나를 기다리던 누군가의 그림자라도.

설레는 마음으로 종착역에 도착하면 마음이 편안해지고 발길이 여유로워진다. 허둥대며 내릴 염려도 없고 목적지를 지나쳐 버리는 아쉬움도 없으니까. 반겨줄 사람 없고 그리움 하나 찾지 못해도 마음 편하게 쉬어 갈 수 있는 곳이 종착역이다. 종착역에 도착하면 할 일도 없고 갈 곳도 없다. 그러나 그곳에 머물러 있다 보면 많은 생각들이 철새 떼처럼 밀려온다. 흑백사진 같은 추억 하나 떠올리면 흐려진 일들도 선명하게 나타난다.

높은 빌딩들이 낯설지 않다. 혼자인 것이 허전할 뿐이다. 대형 건물 앞에서 눈웃음 한번 짓고, 지나가는 이를 슬그머니 쳐다보기도 한다. 사라진 기억들은 꽁무니를 빼고 달아나지만, 다가올 기억들은 거미줄처럼 얽혀있다. 꼭꼭 묶인 매듭 어디서부터 풀어야 할지. 가끔 잡히지 않는 것을 잡으려고 손 내밀 때가 있다. 그런 날은 주로 종착역을 향해 집을 나선다.

그렇게 나선 전동열차 안에서 여러 가지 풍경들을 그려본다. 비오는 날은 바깥 풍경에서 지나온 추억들을 되살리고, 맑은 날은 책장을 넘기는 재미에 푹 빠진다. 부슬부슬 비가 내리면 차창 밖 풍경 속에서 고향을 그렸다. 움푹 파인 웅덩이마다 새물을 먹으려고 몰려든 미꾸라지의 꿈틀거림은 올망졸망 모여 앉은 형제들 같다. 그러나 성미 급한 놈들은 신작로 길로 뛰어나와 여행을 한다. 살랑살랑 꼬리 흔들며 제 세상 만난 듯 활기차게 움직인다. 검정고무신만 벗어들면 꼼짝없이 잡혀서 놀잇감이 되는 줄도 모르고 말이다. 물줄기 모여 있는 곳마다 옴닥옴닥 모여서 고물거리는 게 갓난아이 재롱처럼 즐겁기만 하다. 그렇게 다랑이 논둑길 쏘다니며 물고기 잡던 때가 어제 일처럼 다가온다. 무작정 찾은 종착역은 그런 아쉬움과 그리움이 숨어있는 곳이다.

그러나 이제는 신창 방향의 종착역이 아닌 서울행을 타고 싶다. 가다가 길 막히면 쉽게 내려서 갈아탈 수 있는 전동열차를 타고 싶다. 바깥 풍경이 아닌 전동차 안 풍경을 그려보고 싶어서다.

서울행 전동열차가 쌩쌩 달려간다. 차 안은 발 디딜 틈 없이 북적거린다. 간신히 비집고 들어가 중심 잡으며 서 있는데 바로 앞에 세 여인이 앉아 있다. 한 여인은 편안하게 졸고 있고, 한 여인은 통화를 했다. 그 옆에 있는 여인은 고개를 가누지 못하는 아이처럼 비틀거린다. 그는 통화하는 여인 어깨로 바짝바짝 다가온다. 불편함 없이 통화를 하는 것 같더니만 휴대폰을 끄는 순간 몸을 피하려고 애썼다. 자꾸만 좁혀 오는 게 불편한지 가운데 앉아서 이러지도 저러지도 못하는 그녀를 보면서 차라리 서 있는 게 낫구나 싶었다. 조금 전까지만 해도 앉아있는 사람들이 부러웠는데 남의 불편함을 은근히 즐기고 있었나보다. 차라리 서 있는 게 훨씬 낫지 하고 말이다.

한 여인이 가운데 끼어서 곤욕을 치르는 걸 보며 미소를 지어본다. 얼마나 불편할까. 곤드레만드레 다가오는 낯선 여자를 밀어낼 수도 놔둘 수도 없는 저 귀찮은 존재. 바깥 풍경 바라보며 즐기던 일보다 더 흥미롭다. 그러나 이 복잡한 틈에서도 빈자리 하나 나오면 잽싸게 뛰어가는 아줌마의 민첩함은 어디서 나올까. 그렇게 자리 하나 차지하면 앉자마자 꾸벅꾸벅 조는 것도 지하철 풍경의 공통점이다.

세 여인이 나란히 앉아서 졸고 있는 풍경에 빠져본다. 서로 약속이라도 한 듯 구부렸다 폈다 '도레미파솔라시도' 악보를 그리는 것 같다. 파도가 밀려오듯 같은 방향으로 흔들리는 게 막 심어놓은 여린 모 같다. 넓은 논바닥에 옮겨진 모처럼 나란히 나란히 기울이는 모습에 초점을 정지해

됐다.

전동열차 안 풍경은 언제 봐도 새롭다. 바쁜 사람들만 있는 것 같으면서 여유로운 사람이 있고, 목적지가 없어도 종착역은 있고, 여행 삼아 타는 재미까지 한 몫을 하니까. 자리가 없다고 해서 불평하지 않고 복잡하다고 해서 짜증나지 않는 게 전동열차 안이다. 다양한 사람들을 만나서 여러 가지 풍경에 취할 수 있는 전동열차. 가다가 급한 일 생기면 돌아오기 쉽고, 부담 없이 즐기며 편안하게 오르내리는 전동열차 안에서의 여행. 이제는 종착역이 아닌 간이역이라도 좋다. 가고 싶은 곳 있으면 수시로 갈아타고, 갈 곳이 없으면 순환선을 타고 빙빙 도는 것도 낭만이니까. 전동차 안팎의 풍경 속에는 과거와 현재가 제멋대로 놀고 있음을 알았으니까.

그러고 보니 풍경은 자기 스스로가 만들어 낸다. 좋은 풍경에서 궂은 풍경도 만들어 내고 반대 현상도 나타낼 수 있을 테니까. 좋은 환경에서만 자라야 잘 자라는 게 아니라 그렇지 않은 환경에서도 잘 자라는 나무들처럼 말이다. 현재의 위치가 부족하면 부족한 대로 넘치면 나눌 줄 아는 그런 소박한 삶을 살아가면서.

(2009. 6. 2)

팔불출

정상이 가까워질수록 나무들은 작아진다. 하늘과 맞닿기보다 사람들과 더 친해지고 싶은 모양이다. 관악산 국기봉 부근에는 다른 소나무들에 비해 미끈하게 빠진 나무 한 그루가 돋보이게 서 있다. 불그스름한 사각의 무늬도 길쭉하니 선명하다. 통통한 나무는 붉은 빛을 띠고 당당하다. 그때 등 뒤에서 마누라 닮았다고 하는 큰소리가 난다. 내가 뚱뚱한 것에 대한 불만도 할 줄 모르는 남편은 아름드리나무를 볼 때마다 그 말을 아끼지 않는다.

나는 힘들게 오르던 발길을 멈추고 피식 웃어버렸다. 땀을 삘삘 흘리며 걷는 길에 그러고 싶을까. 남편은 오르는 길이 힘들어서 잠시 쉬려고 그런 장난을 치는가 보다.

내 머리 속에는 여러 단어들이 뒤엉켜 튀어나오려 한다. 그 중에서도 '에그, 당신 팔불출 아니야!' 하며 외치고 싶다. 하지만 차마 하지 못해 참았거늘 남편은 숲 속 분위기에 취했나보다. 하긴 뒷산을 오를 때도 늘 그랬다. 굵고 쭉쭉 뻗은 소나무만 보면 나를 닮았다고 떠들었다.

남편이 내게 하는 일들을 가만 돌이켜보면 팔불출 중에도 상 팔불출이다. 올곧은 성품에 농담도, 실없는 말도 할 줄 모르는 남편인데 마누라 자랑은 어지간히 한다. 뒤늦게 공부한 것도, 잘 하지 못하는 음식도, 내 몸에 맞지 않는 옷을 입어도 흠잡지 않는다. 친지나 친구들 앞에서는 그런대로 이해하고 넘어가지만 시어른 앞에서는 민망할 때가 많다. 잘 쓰지 못하는 글을 읽고 대단한 일을 해 놓은 것처럼 바라보는 시선이 때로는 부담이고 부끄럽다. 또한 입맛이 까다로워 음식투정도 잘 하는 편인데 내가 한 음식에는 투정할 줄 모른다. 그런 남편과 지천명을 눈앞에 두고 살면서 팔불출이란 단어를 잊고 있었는데 산행을 하다보면 문득문득 떠오르게 한다.

여동생이 결혼하여 얼마 되지 않은 어느 날, 언니 집에서 모였다. 세 자매가 안양 근교에 살고 있어서 틈만 나면 맛있는 음식을 나누어 먹었나. 음식 솜씨가 좋은 언니를 은근히 자랑하려는 형부의 의도에서 시작된 일이다. 냉면도 선짓국도 우리가 먹고 싶을 쯤 되면 형부의 호출이 온다. 동생들이 맛있게 먹어주는 걸 좋아하던 언니는 군소리 없이 정성껏 만들었다. 언니에게 맛있다고 칭찬을 하면 그 말을 기다렸다는 듯이 으스대는 형부를 본다. 언니는 그때를 기다렸다는 듯이 형부한테 응석을 부린다. 그걸 다 받아주는 형부도 영락없는 팔불출이다.

남편은 언니가 만들어주는 음식 중에 냉면을 제일 좋아했다. 그래서 냉면이 먹고 싶으면 언니 집으로 갔다. 언니 역시 제부가 냉면을 좋아한다는 사실을 알고 우리가 간다는 연락만 하면 냉면 끓일 준비를 다 해놓았다. 냉동실 가득 육수가 준비되어 있어서 면만 끓이면 쉽게 먹을 수 있었다.

세 자매 부부가 냉면을 먹으며 형부를 부러워한다. 어깨에 힘주고 있는 형부가 부러운지 말없는 남편이 한마디 한다. 우리 마누라는 음식 잘하고, 착하고, 예쁘고, 미스코리아도 부럽지 않다는 것이다. 모두들 기막히다는 듯 가자미눈이 되어 빤히 바라본다. 다른 일 같았으면 얼굴색이 변하여 몸둘 바 모르고 있을 남편이다. 그러나 태연하게 앉아 당연한 것 아니냐며 미소를 짓는다. 술이라도 한 잔 했다면 술김에 한 말이라지만 맨 정신에 어떤 생각으로 그런 말을 했는지 팔불출이 따로 없었다. 오히려 내 얼굴이 붉어졌다.

하긴 TV를 보다가도 날씬하고 예쁜 연예인을 보고 부러워하면 남편은 콧방귀도 뀌지 않는다. 마누라처럼 통통해야지 뼈만 있는 여자가 뭐가 좋으냐고 말도 못하게 한다. 속물인 나는 엔돌핀이 팍 돌아서 한 마디 한다.

"웃기고 있네요? 당신이나 자기 마누라니까 좋지 남도 좋대. 다가올까 봐 끔찍하지, 이런 뚱뚱이를 누가 거들떠보기나 하나요? 그렇게 돌아다녀도 좋다는 남자 하나도 없더라." 하고 그 뒷이야기를 은근히 기다린다. 내가 무슨 말을 더 듣고 싶은지 모르는 남편은 큰 소리를 친다.

"아무리 그래도 나는 신숙영 한 사람만 좋아한다. 세상이 무너져도. 그러니까 먹고 싶은 것 마음대로 먹고, 살 빼려고 애쓰지 말고, 외출할

땐 예쁘게 꾸미지 말고 다녀. 나랑 나갈 때만 미니스커트도 입고 멋 부리라고요."

이 마음 30여 년이 다가오도록 변하지 않는 걸 보면 볼수록 순박한 소년 같다.

나는 그런 남편을 가끔 놀린다. 어린아이 놀릴 때, 옆에 놓고서 어디 갔냐고 찾는 척하면 나 여기 있다고 막 우겨대던 모습을 보는 것 같다. 순진한 건지 정말 마누라밖에 모르는 팔불출인지 착각이 든다. 팔불출 소리를 들을지언정 마누라가 제일 예쁘고, 멋있고, 무조건 믿고 사랑하는 게 틀림없다고 여겨진다.

팔불출! 그게 나쁜 단어는 아니었다. 듣는 사람 기분 좋고 하는 사람 행복하고. 남남이 만나서 한 평생 살아가는 동안 배우자에 대한 올곧은 사랑인 것을. 푸른 소나무처럼 변하지 않는 사랑인 것을. 누가 팔불출을 보고 아내 자랑하는 바보라고 했을까?

(2008. 2. 24)

제3부

말강구

둥지 | 생금우물 | 내 마음의 수채화 | 통증 | 쥐불놀이 | 장작

보리수 | 향나무 | 말강구 | 하이힐 발자국 | 고란초 | 달빛 아래 잔을 들며

둥지

이사는 설렘을 동반한다. 수많은 생각들이 머릿속을 오가고, 새집에 대한 기대로 가슴 부풀곤 한다.

오래 전, 이사를 하여 살림살이 정리가 끝나갈 무렵이었다. 아침나절 집안 청소를 하는데 까치소리가 들렸다. 베란다 쪽에서 까치 두 마리가 집을 지으려는지 나뭇가지를 물고 있었다. '웬 녀석이 남의 집 베란다에 집을 지으려나?' 하는 생각이 들었다. 부부인 것 같은데 둥지가 될 만한 장소를 물색하는 모양이다. 앉을 듯 말 듯 무던히도 애를 쓰더니 까치들은 항아리받침대 난간을 터로 잡았다. 어느새 나뭇가지를 이리저리 얽어 놓는다. 새 집으로 이사하자마자 반가운 징조로 보여 집 짓는 모습이 기특하기만 했다. 그러나 한편으로는 고층아파트까지 넘보는 걸보니 둥지 틀 장소가 마땅치 않은 듯 해 안쓰러웠다. 잘 지을 수 있을까 염려도 되었다.

며칠 가만히 눈여겨보다가 그만 실수를 했다. 창문을 열면서 나뭇가지를 건드린 것이다. 까치는 혼비백산하여 날아가 버렸다. 그리곤 다시 돌아오지 않았다.

그런데 어느 날, 위층 창틀에 나뭇가지 몇 개가 걸쳐져 있는 것이 보였다. 다시 그곳에 둥지를 트는 것 같아 아쉬운 감이 들었다. 이따금씩 위층으로 시선을 보내면서 차라리 잘된 일이거니 했다. 창 바깥쪽이긴 하나 운동화 말리기도 불편하고 늘 조심스럽게 움직여야 하기 때문이다.

얼마 전까지만 해도 까치는 반가운 소식을 몰고 오는 길조라 여겼다. 주변 냄새도 잘 맡고 사람들과 친숙하게 지내던 새다. 날씨에도 민감하여 태풍이 올 것 같은 해에는 낮고 굵은 가지에, 그렇지 않으면 나무 꼭대기에 둥지를 틀었다. 그래서 까치의 집짓기는 '장기 일기예보'였다. 그러나 요즘에는 농작물에 피해를 주어 귀찮은 존재가 되었다.

한동안 까치둥지에 대해 까마득히 잊고 있었는데, 어느 날 깍깍 소리가 요란스럽게 들렸다. 방청소를 하다말고 내다보니 까치 한 쌍이 또 나뭇가지를 물고 찾아왔다. 나는 지난 번 일이 생각나서 창밖으로는 옴짝달싹 하지 않고 동정만 살폈다. 그러다가 까치와 눈이 마주치자 녀석들은 화들짝 놀라 날아가더니 잠시 후 다시 찾아왔다. 분명 먼저 찾아왔던 그 까치 부부였다. 집 짓는 일이라서인지 작은 변화에도 예민한 반응을 보이는 까치는 둥지를 트는 듯 하더니만 이번에는 아래층으로 날아가 버렸다. 그러기를 몇 차례 반복했다.

한곳에 정착하지 못하고 방황하는 까치를 보니, 사람들이 집을 구하는 것과 무관하지 않다는 생각이 든다. 한겨울 한파가 몰아칠 때, 이삿짐을 길거리에 내놓고 집을 얻지 못하는 사람 같아 내가 더 불안했다. 그들에게는 무엇보다도 몸 기댈 곳이 필요하다. 바람을 막아줄 의지간이 필요한 것이다. 그런 엄동설한에 살림살이조차 들여놓을 곳을 몰라 안절부절못하는 사람들이 있으면 얼마나 가슴 아픈 일인가. 그런 안타까움과 까치에 대한 미련을 버리지 못하고 있는데 녀석들이 다시 찾아와 둥지를 틀기 시작했다. 내 마음을 알아차린 것일까. 아니면 첫 정을 둔 우리 집 창가를 잊지 못한 것일까. 그날 이후 우리 가족은 아예 베란다 출입을 삼가기로 했다.

그토록 예민한 반응을 보이던 까치가 우리 집 식구들의 냄새를 맡고 있나보다. 가까이 다가가도 까까거리기만 할 뿐 도망가지 않는다. 자기 몸보다 긴 나뭇가지를 어디선가 열심히 물어 날랐다. 가지를 떨어뜨리기도 다반사였다. 녀석이 짓는 기하학적인 얽어 세우기가 드디어 본 모습을 드러내기 시작했다. 깜냥에 한 짐이나 되는 나뭇가지를 물어와야 하는데, 그것을 구하는 것도 문제고, 고층아파트 베란다까지 올라와야 하니 난코스이리라.

어느새 둥지가 완성되었다. 그제서야 자세히 들여다보니, 여느 건축기사가 정성들여 공사한 건물에 비할 바 아니었다. 내부까지 섬세하게 치장해 놓았다. 거친 나뭇가지를 그냥두면 새끼들이 다칠까봐서인지 농업용 보온덮개의 부스러기까지 물어다가 마무리를 해 놓았다.

둥지 하나를 틀기 위해 여기저기 안전한 곳을 찾던 까치를 보니 산본 땅을 처음 밟은 십수 년 전 내 모습이 떠오른다. 시댁에서 살다 처음으로 내 집이란 둥지가 생기자, 이삿짐을 꾸리기도 전에 방마다 가구를 넣었다 뺐다 온갖 치장을 하며 마음이 부풀었다. 그땐 작은 아파트였지만 행복한 꿈에 빠져 호화스런 궁전에 사는 왕비도 부럽지 않았다.

하지만 나만의 공간이 있다하여 만족할 수만은 없었다. 서먹하기 짝이 없는 얼굴들, 만나는 사람들마다 서로 경계하는 것 같아 아파트 생활에 적응하는 일이 쉽지 않았다. 문만 열면 한 가족 같은 그런 동네가 아니었다. 잠자듯 닫혀있는 철문부터가 낯설었다. 닫힌 문처럼 마음까지 꽁꽁 얼어붙은 것 같아 그 문을 열고 싶었다. 사람 사는 곳은 사람 냄새가 나야 하고 사람의 온기가 서로 전해져야 한다는 생각으로, 나는 이웃간에 인사부터 나누기 시작했다. 시댁에서 가져온 야채들을 들고 아래윗집으로 나르기도 하면서….

그러다 보니 주위에 많은 사람이 생기기 시작했다. 향기로운 냄새를 주는 사람도 있고, 악취를 주는 사람도 더러는 있다. 그런 가운데 나는 어떤 사람일까. 사람들의 인식에서 멀어져가는 까치가 우리 둥지에 찾아와 제 둥지를 튼 것처럼, 그런 든든한 믿음을 나도 이웃들에게 두루 나눠줄 수 있을까. 새로 이사 온 이곳에서도 변덕스럽지 않고 너른 가슴으로 사람들을 품을 수 있을는지.

이른 아침 까치의 노랫소리를 들으며 하루를 시작한다. 26층 건물 중 20층인 우리 집 베란다를 선택한 까치와의 만남, 왠지 고것들이 행운을 물어다 줄 것 같다.

생금우물

조선 말엽 김창관이란 사람이 있었다. 그는 마을로부터 10여 리 떨어진 옥구도에서 나무를 하였다. 그러던 어느 날, 우물 옆에 닭 한 마리가 있어 곱게 싸서 집으로 가져왔다. 그리고 골방 반닫이에 넣어두었는데 보자기에 쌌던 누런 닭털 하나가 땅에 떨어져 있었다. 그걸 예사롭지 않게 생각한 그는 한양에 있는 금방으로 가져가 물어보니 금덩어리라는 뜻밖의 소식과 함께 집으로 돌아왔다.

한양에서 돌아온 그는 반닫이부터 열어봤다. 황금덩어리로 변해있는 닭을 놓고 어떤 생각을 하였을까. 그는 황금닭털을 모아 금방을 찾아다니며 돈으로 바꾸어 땅도 장만하고 집도 지었다는데 그 집이 바로 '생금집'이라고 한다. 그 소식을 전해들은 출가한 딸이 와서 닭을 몰래 훔쳐가다가 중간쯤에서 보자기를 펴 보니 번쩍이던 황금닭이 돌덩이로 변해 있었다고 한다. 황금닭의 주인은 따로 있음을 깨달은 딸은 곧장 친정으로 돌아왔으나 다시는 황금닭으로 변하지 않았다. 그리하여 그 우물을 '생금우물'이라 부르게 되었다. 일부 사람들은 '금계(金鷄)우물' 이라고도 부른다.

사람이 살다보면 내 것이 아닌 것을 가지고 탐을 내는 일이 비단 재물만일까. 권력도 학벌도 심지어는 건강까지 탐을 내며 살고 있다. 어디서든 사건 하나 터지고 나면 생뚱맞은 일들이 뒤따라 나오는 게 일상이 되었다.

지난해였던가. 연예계의 학력 위조가 발각되면서 대학교수, 사회 지도층 등에서 우리가 상상할 수 없는 일들이 쏟아져 나왔다. 그럴 때마다 정직하게 살아온 서민들 가슴은 답답하기만 하다. 열어야할 자물쇠가 꼭꼭 잠겨있어 열지 못하는 것처럼 마음 어딘가에 조여옴을 느낀다. 그런 일들이 번번이 보도될 때마다 '왜 그랬을까,' 라는 생각할 겨를도 없이 맥 풀리는 일들이 다반사로 터져 나온다.

우리 주변에는 졸업장 하나가 없어 뒷골목 신세를 벗어나지 못하는 사람들이 있다. 일자리가 없어서 떠노는 사람들이 사회 곳곳에 숨어 있다. 번듯한 명함 한 장 내밀지 못하고 우물 안 개구리처럼 움츠린 채 살아가는 사람들이 있다. 그런데도 학력을 위조한 그들은 번쩍이는 명함을 만들어 여기저기 남발하고 있다. 때로는 뉴스를 접하는 게 두려울 만큼. 오늘은 어떤 사건이 터져서 조용한 마음을 흔들어 놓을까 하면서도 뜻하지 않은 곳에서 나오는 사건들로 마음을 비우고 산다. 그렇지 않으면 병이 될 테니까.

생금닭을 훔친 딸을 이해해 본다. 그녀는 아버지의 닭을 훔치고 싶어서 훔친 것일까. 친정 집 재산이 탐이 나서 가져갔을까. 누구나 다 부자가 되기를 원하지만 그게 마음대로 되지 않음이 노력을 요구하는지도 모른다. 딸은 친정 집 눈 뜬 도둑이라는 말을 실감할 때가 있다. 나 또한 친정에 가면 있는 것 없는 것 다 가져오니까. 언제였던가. 아버지는 내가 친정에 가면 쌀가마니를 꺼내놓고 가져가라고 하셨다. 하지만 나는 어릴 적 가난을 떠올려 번번이 거절을 하였다. 시댁이 안양이었지만 쌀농사를 지으니까 가져올 일이 없었다. 그럼에도 불구하고 아버지는 두 아들의 몫과 네 명의 딸들 몫까지 꺼내 놓았다. 그렇게 몇 해 거절만 하자 아버지께서 한 말씀하셨다.

"너는 친정을 생각하여 그러는지 모르겠지만 한 서방은 다르단다. 사위가 넷이 되다보니 미안해서 그런다."

순간 뒤통수를 한 대 얻어맞은 기분이었다. 나는 아버지의 그 깊은 속을 알아차린 뒤에야 한 가마니 가져왔다. 그날, 그 흐뭇해하시던 아버지 표정은 아직도 선명하다. 그리고 아버지 말씀대로 남편 또한 표정이 달라보였다. 그 후 지금까지 일 년 농사지으시면 한 가마니 정도는 가져온다. 처음엔 그게 부담이었는데 나도 살림을 하다 보니 친정에 가면 쌀이든 콩이든 살림에 보탤만한 곡식들은 있는 대로 챙겨온다. 그게 딸인지도 모른다. 친정집 부지깽이라도 가져간다는 옛 말이 있는 것처럼.

우리 주변에는 친정집 재산을 놓고 마음 상하는 이들도 있지만, 친정에 오히려 도움을 주려는 딸들도 많다. 요즘 같은 시대에 물질 앞에서 마음 비우는 이가 얼마나 있을까 싶지만 그래도 아직은 재산에 탐내기보다 부모님을 생각하는 이가 더 많을 것이라고 생각한다. 그녀가 생금닭을 훔친 이유에는 부자가 되고 싶은 마음도 있었겠지만 부모님의 짐을 덜어 드리려는 마음도 들어있지 않았을까 싶다. 어렵게 살아가는 딸을 걱정하는 부모마음을 헤아려 닭을 훔쳐서라도 잘 살아보려 했는지 모른다.

옥구도는 바다였다. 안산시 끄트머리에 있는 자그마한 섬, 그곳을 탐낸 일본 사람들이 염전을 만들고 나서 그 샘물까지 독점을 하였다. 그들은 자기들만 마시기 위하여 자물쇠로 잠가두었다. 우리나라 사람들은 접근도 하지 못하게 할 정도로 물맛 명성이 자자한 생금우물을 그렇게 독점하였다고 한다.

이 시대를 살아가는 우리 곁에도 옥구도에 있는 바닷물 이상으로 국보급 사람이 있을 것이다. 그 관계가 어떤 권력이나 재산이나 학벌이 아닌 마음을 나눌 수 있는 포근한 정이 있는 사람, 가진 재물 없어도 행복을 느끼고 나눌 줄 아는 사람, 그런 사람과 함께라면 학벌이 없어도 말이 통하고, 권력이 없어도 마음을 열고 대화할 수 있을 것이다. 만날수록 깊어지는 마음, 만날수록 맑아지는 마음 하나 있다면 가슴 한편에 생금닭 하나 품고 살아가는 것처럼 행복하리라.

(2009. 10. 9)

내 마음의 수채화

도랑물이 모여서 시냇물이 되고 시냇물은 곧 강으로 이어진다. 강물은 작은 물들이 모여서 그곳까지 오는 과정을 묻지 않았다. 그러나 힘들게 왔다는 것쯤은 알고 있을 것이다.

초등학교 4학년 아이들에게 십 원짜리 동전의 가치를 묻는다면 얼마만큼 귀하게 여길까. 가치는커녕 길가에 떨어져 있어도 줍지 않는 게 현실이다. 그런 아이들에게 작은 정을 심어준 교사가 있다. 4학년 아이들 담임을 하면서 집안에서 굴러다니는 동전이 있으면 학교로 가져오라고 했다. 그리고 교실 뒤에 동전함을 하나 만들어 놓았다. 처음에는 별로 신통치않게 여기던 아이들이 차츰 반응을 보였다. 신이 난 아이들은 집안에서 굴러다니는 십 원짜리 동전을 보는 대로 갖다 넣었다.

선생님은 한 학년이 끝나고 묵직하게 들어있는 동전함을 열었다. 십오만 원이란 상상외의 동전이 모아졌다. 동전의 의미를 가치 있게 쓰려고 마음먹은 선생님은 남극의 쇄빙선에 기부하기로 했다. 그 뜻에 놀란 그 반 학부형들은 오천 원부터 몇 만 원에 이르기까지 아끼지 않고 아이들 편에 보냈다. 결국 십 원짜리가 모아져 몇 십 만원이 된 것이다. 아이들은 선생님을 따라 남극의 쇄빙선에 가게 되었다.

일 년 동안 동전을 모으면서 그 가치를 알게 된 아이들은 그 날 이후, 동전만 보면 저금통에 넣는다고 했다. 집 안팎에서 외면당하던 십 원짜리 동전이 대우를 받게 된 것이다. 그것은 아이들에게 있어 절약과 단합의 정신까지 부추겨 주었다. 고사리 같은 손길들이 하나하나 모은 동전의 가치를 따진다면 몇십 억에도 비할 수 없을 것이다.

우리도 홀로 있을 때는 작은 일도 하기 힘들 때가 있다. 그러나 여럿이 모이면 제 아무리 어려운 일도 쉽게 해결할 수 있는 지혜가 생기듯 십 원의 가치도 하나 둘 모아지면서 대단한 힘을 발휘한 것이다. 십 원짜리 동전이 주는 아름다운 추억과 따뜻한 마음. 이 적은 돈이 아이들 가슴에 들어와 머무는 동안 넘치는 강물보다 더 큰 사랑을 담아놓고 사랑을 키우는 힘이 되었다.

아이들은 십 원짜리 동전을 가지고 학교에 다니면서 무슨 생각을 하였을까. 빈 상자가 묵직하게 채워질 때마다 어떤 느낌이 들었을까. 아이들의 사랑과 선생님의 사랑이 보태지면서 반 전체의 우정도 깊어졌을 것이고, 동전이 모아지는 만큼 부자된 느낌이 들었을 것이다. 또 동전이 부풀어 오를 때마다 아이들의 마음도 부풀었을 것이다.

스승과 제자간의 사이를 이어줄 그림을 완성하기 위하여 선생님은 학기초부터 마음속으로 스케치하고 있었을 것이다. 스승과 제자는 만났다

헤어지지만 그 만남은 영원할 때가 있다. 일 년 후, 아이들과 선생님은 헤어진다. 그러나 이 작은 실천이 다시 만남을 기약하는 밑그림이다.

예전에 나의 중학교 국어선생님이 그랬다. 동전 모으는 과정을 멋진 추억으로 간직하게 해주었다. 동전을 모으면서 서로의 마음을 모았던 그때, 스승과 제자와의 끈끈한 사랑이 모아졌다. 그러면서 또래들과의 따뜻한 마음도 모아진 게 아닌가 하는 생각이 든다. 하찮게 여긴 동전이 세월이 흘러도 아름다운 장면으로 남아 문득문득 스쳐간다.

당시 선생님은 학교 교훈인 일일일선, 상부상조, 실천궁행을 강하게 실천한 분이다. 반장을 불러 아침마다 영어단어 다섯 개를 칠판 앞 메모지에 써 놓게 했다. 그리고 종일 외운 단어를 종례시간에 한 명씩 불러내어 칠판에 쓰게 했다. 지명당한 학생이 쓰지 못하면 총무는 범칙금으로 오십 원을 받아 저금통에 넣었다. 그때는 그게 귀찮고 싫었다. 다른 반과 다르게 행동하는 것도 불평이었고 지각하면 이십 원, 결석하면 오십 원을 범칙금으로 지출하는 것도 마음에 거슬렸다. 그런데 한 학년을 마치고 새 학년으로 갈 즈음 동전함을 열어서 과자파티와 함께 볼펜을 사서 전 학생에게 나누어 주셨던 그때 그 장면은 내 마음속에 남아서 떠나지 않는다. 그땐 선생님의 마음을 읽어내지 못했는데 이제야 그 깊은 마음이 짚어지며 오롯하게 추억으로 남겨져 있다.

지금도 동창들을 만나서 선생님에 대한 이야기가 오가면 그때가 제일 기억에 남는다고 한다. 시골 학교에서 누가 시키지 않는 이상 영어단어를 외우는 일은 쉽지 않았는데 우리는 서울에서 내려온 담임 선생님을 만났기에 중학교교과서에 나온 단어를 쉽게 외울 수 있었다. 어떤 친구들은 그때 외운 단어 덕분에 중학시절을 무난하게 넘겼다고도 한다. 물론 웃자고 하는 소리지만 말이다.

살다보면 이렇게 좋은 기억들이 많다. 그러나 그렇지 않은 기억이 몇 개 있어서 좋은 기억을 놓치는 일도 있다. 좋은 기억만 간직하고 산다면 그렇지 않은 기억들은 어떻게 될까. 그때 내 마음속에 그려놓은 멋진 수채화는 두고두고 아름다운 그림이 된다. 이와 같이 초등학교 4학년 어린이들 마음속에도 고이 묻어둘 수채화 한 장이 그려지고 있다.

(2007. 10. 10)

통증

초등학교 어린아이는 즐거워야 할 미술시간이 두려웠다. 시대를 잘못 만난 탓일까. 선생님을 잘못 만난 탓일까. 빈곤한 가정 형편이 그렇게 만든 것일까. 크레파스 하나 가져갈 수 없는 아이는 미술시간이 되면 늘 불안했다.

학교라는 울타리 안에서 또래들만의 시간이다. 자신이 상상한 그림을 맘껏 그리고 있을 때, 선생님께 꾸중을 들어야 했던 어린아이. 그 얼룩진 마음은 세월이 흘러도 쉽게 지워지지 않을 것이다. 도토리 앙금 가라앉듯 가슴 밑바닥에 남아있을 것이다. 그 작은 얼룩은 그의 인생을 펼쳐볼 기회도 없이 검게 수놓았다. 옅은 색상이야 덧칠을 하면 새롭게 나타나지만 짙은 색상은 덧칠을 해도 새로워지지 않는다. 오히려 더 망가질 뿐이다.

누군가 따스한 손길로 그를 잡아줬어도 그랬을까. 선생님은 진정으로 그가 미워서 그랬을까. 가르치는 입장에서 그럴 수밖에 없었을까. 하긴 번번이 준비물을 챙겨오지 않는 학생이 미웠으리라. 그러나 그 아이는 선생님에 대한 반항이 아니었다. 단지 크레파스 하나 살 돈이 없어서 가져가지 못한 것이다. 그 심정을 선생님이 알았어도 그런 말을 하였을까. 이 시대 아이들은 이해할 수 없는 일이지만 과거의 농촌에서는 흔한 일이었다. 선생님은 화가 난 나머지 다음 시간에는 훔쳐서라도 꼭 가져오라고 하셨다는데. 그 철없는 아이는 미술시간이 두려워 훔쳐간 것이다. 그게 도적의 싹이 되어 치유할 수 없는 삶을 살게 될 줄도 모르면서. 그러고 보면 지금 이 시간에도 생각 없이 한 말에 의하여 많은 사람들이 다치고 있다.

때로는 하지 말아야 할 말을 해서 말빚이 되고, 할 말을 제대로 하지 않아서 커다란 말빚이 된다. 살다보면 하고 싶은 말 다하는 사람도 없고 할 말 못하고 사는 사람도 없다. 열린 입이라고 해서 어찌 다 하고 살까. 가슴에 묻고 있는 말들이 더 많은 것을. 어린 가슴에 들어온 얼룩은 떼려야 뗄 수 없는 아픔으로 있었나보다. 그렇게 살아온 그가 17년이 지난 지금 사형수가 되어 법정에 섰다. 무심코 던진 선생님의 한마디에 도적질을 배우며 살아온 지존파 김기환, 그의 인생이 꼬이기 시작한 것은 미술시간에 가져가지 못한 크레파스 때문이라고 한다. 그러나 그 자리에 선 것은 선생님의 잘못도 부모님의 무관심도 아닌, 자신의 마음이라 생각한다. 잠시잠깐 서운한 마음 비우고 용서하였더라면 최소한 사형수는 되지 않았을 테니까.

그래서 상처를 준 사람은 다리를 뻗고 살아도 상처를 받은 사람은 뻗을 수 없다고 한다. 상처를 준 사람을 용서하지 않았기 때문인데 자신도 모르는 사이에 그 사람을 닮아간다고 한다. 그 사람이 싫기 때문에 그 사람을 닮은 사람을 피하고, 그 사람처럼 살지 말아야지 하는 사이에 그 사람을 닮아간다고 한다.

그녀가 팔십 넘은 친정어머니를 미워한 것도 어릴 때 받은 상처 때문이라 했다. 부모님 연세가 많으면 돌봐 드리는 게 자식된 도리인데 알 수 없는 미움으로 외면하고 살아온 그녀. 그녀는 나이가 들면서 노모에 대한 측은함이 생겼지만 다가서면 다가설수록 열리지 않는 마음으로 괴로웠다고 한다. 도대체 무슨 연유인가 싶어 기도하고 회개하며 마음을 달랬지만 그러면 그럴수록 더 싫어졌다는 것이다. 그런 자신을 원망하며 기도를 하는데 갓난아기의 모습이 머릿속을 스쳤다고 했다. 탯줄을 자른 아이를 거친 타월에 싸서 아랫목으로 밀쳐낸 어머니의 환상, 그 모습을 본 순간 자신도 모르게 눈물이 나오고 가슴에서 타오르던 증오의 불씨는 서서히 식었다고 한다.

갓 태어난 아이도 자신을 미워하는 사람을 안다고 한다. 누구도 그녀에게 지난날에 대한 이야기를 말해주지 않았지만 자신이 태어나는 과정에서 받은 상처로 인하여 어머니를 미워한 것이다. 그 날 그녀는 하염없는 눈물로 지나온 날들을 뉘우치면서 어머니를 찾았다고 한다. 늦게나마 어머니를 용서할 수 있었던 것은 신앙의 힘과 어머니에 대한 사랑이 잠재되어 있었기에 가능하지 않았을까. 그 어머니도 아기를 본 순간 젖을 물리고 싶은 마음이 왜 없었을까. 당신이 낳은 딸 품에 안고 싶은 마음이 왜 없었을까. 남아선호사상에서 어쩔 수 없는 환경에서 살아온 어머니였기에 가슴에 묻고 살아온 날이다. 그 시대 어머니들은 모든 잘못을 그렇게 희생하고 살았다. 그녀는 자신보다 더 많은 고통을 가슴에 묻고 살았을 어머니의 심정을 헤아린 후에야 늙은 어머니가 가엾게 보였다는 것이다.

사람과 사람 사이에는 미워하는 마음과 사랑하는 마음이 있다. 누군가를 미워하면 뱃속의 아이가 그 사람을 닮는다는 말은 서로 미워하지 말라는 뜻에서 전해오는 성싶다. 임신 기간만이라도 누군가를 미워하지 않으려고 노력하는 어머니처럼 삶 자체가 임신 중이면 어떨까 하는 마음을 가져본다.

겉으로 드러난 상처는 흔적은 있으나 통증이 없고, 마음에 남아있는 상처는 흔적은 없으나 통증이 있다. 그 통증을 삭이려면 작은 알갱이라도 남김없이 용서라는 이름으로 분출하는 기법을 배워야 할 것이다.

쥐불놀이

보름나물을 만들어 놓고 정월 대보름맞이 행사장을 찾아 나섰다. 넓은 공간에는 만국기가 펄럭이고 정면에 자리한 대형 달집이 눈에 띄게 들어온다. 이렇게 큰 달집을 가까이에서 본 것은 처음이다. 에펠탑보다도 더 멋진 자태에 입이 떡 벌어진다.

달집 둘레에는 소원성취를 비는 글들이 주렁주렁 매달려 있다. 달집이 무거워 보인다. 저렇게 많은 짐을 지고 가려면 힘이 들 텐데. 한 가정에 한 가지만 달아놓아도 될 일들을 어쩌자고 저렇게 많은 사연을 걸었을까. 기독교 신앙을 가진 나도 소원 하나를 달았다. 종교를 떠나서 하나의 민속놀이라고 생각하기 때문이다.

어떤 소원을 걸어볼까? 내 개인의 소원, 아니면 가정의 소원, 요리조리 궁리를 하다가 마음 내키는 글을 적는다. 정성껏 써 내려가는 붓끝의 감각이 온 몸으로 퍼진다. 가족의 소망을 쓰다 보니 이미 절반은 이루어진 듯하다. 완성된 작품 하나 달집에 달아 놓고 그 둘레를 돌아본다. 큰 걸 바라지 않았다. 올 한 해 가족들이 건강하게 해 달라는 사연들이다. 나는 내 할 일을 다한 사람마냥 이곳저곳을 기웃거린다.

어릴 적 쥐불놀이 하던 일이 떠오른다. 보름을 일주일쯤 남겨 놓고 산으로 가서 소나무 벤 자리에 달라붙은 고주배기와 솔방울을 잔뜩 주워왔다. 그 사이 아버지 손길은 더 바빠진다. 동생과 내가 갖고 놀 쥐불 통을 만들기 위해 빈 깡통을 구해서 찌그러지지 않도록 흙을 넣고 군데군데 대못으로 구멍을 뚫었다. 깡통 둘레의 균형에 맞춰 철사줄로 묶어 돌리기 좋게 만들어주었다.

일찌감치 보름밥을 먹은 동생과 나는 쥐불통과 연료들을 챙겨들고 논두렁으로 나갔다. 남녀구분 없이 온 동네가 쥐불놀이로 번쩍이고 있다.

하나 둘 나타난 동네 아이들이 다 모여들면 편을 갈라 불 싸움을 하였다. 그리고 들녘에 쌓아둔 짚단을 집어다 태우거나 고춧대 걷어다가 태우는 일을 빠뜨리지 않았다. 여기저기 논두렁을 다니며 불태우는 일은 시작도 끝도 없이 밤이 새어도 좋았다. 빙글빙글 돌리던 쥐불 통이 빨간 불이 달아오를 만큼 붙어 있으면 하늘 높이 날린다. 깡통 속에 남아있던 불덩이는 별똥별이 쏟아지듯 반짝이며 내려온다. 그걸 바라보며 깔깔대던 어린 날의 추억은 다시 올 수 없지만 기억 저편에 자리 잡은 마음은 그대로 남아있다. 그 고단수의 방법은 불통을 비우고 집에 갈 준비였음을 이제야 안다.

야심한 밤까지 떠들썩한 동네가 조용해지면 고사를 지내는 가정이 있었다. 고사를 지내는 장면을 단 한 번도 보지 못했지만 날이 밝아지면서 후미진 빈 밭에 짚단 태운 장면과 쌀, 보름나물, 떡이 있는 걸로 보아 고사를 지냈구나 하는 것을 감지한다. 이십여 세대 중 두서너 집을 제외하고는 기독교신앙을 가진 동네였기에 고사의 흔적은 두어 군데였다.

살다보면 뜻대로 되지 않는 일들이 어디 한두 가지만 있으랴. 과분한 욕심 채우려다 가진 것 다 빼앗기는 일도 있을 것이고, 권력과 물질에 대한 소유욕 때문에 육체적 건강과 정신적 건강을 다 잃는 일도 있을 것이다. 저 끝없는 줄에 잇고 이어도 모자랄 것 같은 욕심 속에는 어떤 사연들이 담아져 있을까. 모두가 다 제자리인 양 당당하게 매달려 있지만 그 중에는 이룰 수 있는 것도 그렇지 못한 것도 한 자리씩을 차지하고 있다.

아직 내 소원을 들어준 것도 아닌데 마음이 뿌듯하다. 요 며칠 속앓이 했던 마음 하나 달집에 달아 놓은 탓이다. 그 허한 마음 날려 보내면 텅 빈 가슴에 새로운 것이 가득 채워질 것 같은 느낌이다. 그러고 보면 종교의 힘도 무속의 힘도 자신의 마음에 있다는 걸 왜 모르고 살까. 내 마음 편안하려고 종교를 믿고 내 마음 편안하려고 소원을 빌고 있으니 말이다. 가족을 위하여 빌어보는 소원도 결국 자신을 위한 일이다. 어떤 일이라도 되돌아오는 건 원점인데 나 자신 편안하고 싶어서 주변의 것들을 힘들게 하고 있다.

민속 행사가 끝나갈 무렵, 옆에 있던 할머니가 지푸라기 한 움큼 쥐어준다. 어떤 용도로 사용하라는 건지 잘 모르지만 받아들었다. 동녘하늘에는 원형의 보름달이 나지막하게 자태를 드러낸다. 허허벌판에서 바라본 달님의 형상이 흩어진 마음을 사로잡는다. 가슴 뭉클하게 큰 달님을 안고 있는데 화성 군민들이 액운을 막기 위한 풍악과 공동의 제사를 지낼 준비로 분주하다. 제사상이 차려진 달집 앞으로 수많은 인파들이 차츰차츰 모여 든다. 지역 유지로 보이는 몇몇 어르신이 나와 엄숙하게 제를 올린 후, 환하게 웃고 있는 돼지 입에 파란 지폐를 물려준다. 이어서 그곳 주민들로 이어진 제는 시간가는 줄 모르고 진행되었다. 같이 간 선배도 다소곳이 절을 하고 거금을 물려준다.

그 사이 들판까지 떠오른 달님과 함께 달집 중앙을 향하여 불꽃을 쏘았다. 생솔가지에 석유를 잔뜩 뿌려놓은 달집은 순식간에 치솟은 불꽃으로 그 주위를 환하게 밝혔다. 하늘 높이 치솟은 불꽃은 신들린 사람처럼 너울너울 춤을 추고 그 불꽃을 바라보는 사람들은 좀전에 달아놓은 소원을 기원하고 있다. 가볍게 올라가는 모습인데도 무거운 짐을 다 짊어지고 가는 사람처럼 느껴진다. 가정의 무사태평을 비는 모습이 평화로워 보인다. 달집에게 한 해의 액운을 보내놓고 마음을 비웠으니 얼마나 홀가분할까. 저 불꽃 속에는 내 소원 하나도 덤으로 따라가고 있으니 후련한 마음으로 바라본다. 이 시간만큼은 아무런 욕심이 없다. 그저 평화로운 마음으로 쓸모없는 걱정들을 모두 태우고 있는 중이다. 지금껏 살아오면서 마음 아팠던 일, 기억하고 싶지 않았던 일, 속 끓이고 지내온 날들을 모두 보내고 있다.

평화롭게 올라가는 불꽃 속에는 내 어릴 적 기억들도 들어있었다. 좀전에 쥐었던 지푸라기를 불구덩이에 던지고 그곳 사람들과 어우러져 달집을 돌았다. 강강술래가 절로 나온다. 주최 측이 준비한 농악대의 흥에 맞춰 부르는 노래 소리와 함께 옆 사람과 손을 잡았다. 누구인지도 모르고 잡은 손이 낯설었지만 그곳 풍경에 빠져 한마음이 되었다. 그 훈훈한 마음은 불꽃의 온기처럼 어릴 적 추억들을 하나하나 되살리고 있다. 그리고 곧 따스한 마음 되어 함께 돌고 있었다.

(2008. 3. 25)

장작

포근한 벽난로에 참나무 장작, 내 마음이 은은하게 감도는 정 묻고, 작은 모임에 맞는 다양한 룸이 있어 소중한 분들과 함께 하기 좋은 곳, 전통과 현대적 감각이 조화를 이루는 실내인테리어와 최고의 주방장들이 선보이는 한정식 차림은 탁 트인 전망과 함께 귀중한 시간을 더욱 더 소중하게 바꿔드립니다.

모임을 하다보면 움식이는 곳도 다양하다. 여러 음식점을 다녔지만 관광지 못지않게 팸플릿까지 만들어 놓은 식당은 보기 드물다. 하늘을 닿을 듯이 긴 기둥에는 '산 고을' 이라는 이름이 들어간 상호가 도심 속에 있는데도 아늑한 시골 길로 들어선 느낌을 준다. 식당이 아닌 민속촌을 방문한 듯한 상큼한 마음이다. 부드러운 황토흙벽돌로 정성스럽게 쌓아 올린 건물에서 따뜻한 온기가 풍긴다. 텃밭 옆에는 원숭이, 사슴, 닭, 개 등등 여러 종류의 짐승들이 자기만의 개성으로 온갖 폼을 다 잡고 있다. 어디 그뿐인가 마당 끝 모퉁이에는 차 마시는 공간과 함께 사주를 봐 주는 남자가 있어 색다르게 보였다.

대문 안에 들어서자 마당 한 가운데에 활활 타오르는 장작불이 지펴있다. 바라만 봐도 포근하고 아늑하다. 마음으로 스며오는 고향의 향기. 장작불만이 갖고 있는 특유의 냄새가 물감 번지듯이 온 몸으로 스며든다. 코끝을 벌름거릴 만큼 메캐한 냄새는 가물가물 기억나는 추억까지 끄집어낸다.

저 불구덩이 속에 누워있는 장작은 누구를 위하여 자신의 몸을 태우고 있는 걸까. 저 곳에 누워있기 전에는 한 그루의 멋진 나무로 성장했을 텐데. 자신의 몸 토막토막 잘리면서 말 한마디 못하고 당한 고통이 아닌가. 제 한 몸 던져서 하나의 불꽃을 피워낸 만큼 아주 편안하게 누워 있다.

아궁이에 들어간 장작은 몇 해 전 초가을 일을 떠올리게 한다. 쌀쌀한 기운에 옷깃을 세우고 교회에 가는 길이었다. 오십대 전후로 보이는 남성들 서너 명이 길거리에 앉아서 고개를 맞대고 있었다. 갓길 주차하는 곳인데 이른 아침에 웬 남자들이 길바닥에 앉아 있을까. 춥지도 않나. 나는 혼잣말로 궁시렁거리며 가까이에 갔다. 그들은 빵과 우유를 먹고 있었다. 아침을 대신하는 것 같아서 안쓰러웠다. '차디찬 우유에 퍽퍽한 빵이잖아. 서리도 마르지 않은 시각에 따끈한 물이라도 한 병 들고 나왔으면 좋으련만….' 괜한 신경이 쓰여 그 길을 지나가는 내내 친정아버지의 모습이 떠올라 자꾸만 뒤를 돌아보았다.

도로 옆에는 공사에 사용할 보도블록이 수북이 쌓여 있었다. 인도에

깔려있는 망가진 블록을 작업할 모양이다. 가랑잎처럼 빳빳한 저들의 손길이 스치고 나면 우리는 편안한 길을 걸을 수 있겠지. 울퉁불퉁한 길들이나 움푹 패인 길이 민틋하게 나타나겠지. 된바람 맞으며 차가운 우유로 끼니를 대신하는 그들이지만 그 입가에는 아침 햇살처럼 밝은 미소가 머물고 있다. 가족을 위하여 자신의 몸 아끼지 않는다는 게 저리도 행복한 일인가. 가진 것 없어도 푼푼한 마음 하나 고이고이 간직하고 살아가는 사람들이다.

목사님의 설교가 귀에 들어오지 않는다. 인도와 차도 사이에 앉아있던 인부들의 장면만이 머릿속을 스치고 있을 뿐이다. 얻히지 않았을까. 해장국 집은 문을 열었을 텐데. 모닥불이라도 지펴 놓지. 얼핏 보기에도 지천명이 지난 것 같은데. 누군가 그 길 지나가며 따끈한 물이라도 한 잔 주었으면 좋았을 것을. 그곳은 등산하는 사람들이나 스포츠를 즐기는 사람들로 늘 북적이는 길목이다. 그들을 연상할수록 한 폭의 아름다운 풍경이 그려지나가도 머릿속이 복잡할 만큼 망가진 그림이 나타난다.

예배 후, 서둘러 길을 나섰다. 길바닥에 쪼그려 앉은 그들은 오순도순 이야기를 나누며 재미있게 일을 하고 있었다. 옆에서 바라만 봐도 평화로워 보였다. 먼지를 잔뜩 뒤집어쓰고 뭐가 그렇게 즐거운지. 활활 달아오르는 장작불의 온기는 아니어도 마음에서 우러나는 온기가 저렇게 행복하게 하는 것 같다. 입술은 파랗게 얼어 있어도 하얀 목장갑을 낀 손놀림은 잠시도 멈추지 않는다. 그 열기 또한 장작불보다 더 강하게 다가온다. 잠시였지만 내가 쓸데없는 걱정을 하고 있었던 것 같아서 환한 웃음을 남겨 놓았다.

그들이 일하는 곳은 고급 스포츠센터 앞이다. 고개만 들면 골프공 소리가 탁탁 나고, 아래층에는 땀을 뻘뻘 흘리며 개개인의 건강을 다지고 있을 헬스장이 있다. 지하에는 수영복 차림에 남녀들이 물고기처럼 놀고 있는 곳, 하지만 그들은 길거리에 앉아서 빵 한 봉지로 아침을 대신하며 일을 하고 있다. 그럼에도 불구하고 평화롭기만 하다. 가족을 위하여 하루 일할 수 있는 일자리가 있다는 것만으로도 행복한 모양이었다. 스포츠센터에서 운동할 형편이 아니어도, 아침밥을 먹지 못하고 나선 길이어도, 가족을 사랑하는 마음만은 한 토막의 장작과도 같았다.

음식점 아궁이로 들어간 장작도 저 인부들과 같은 마음이었으리라. 유명메이커로 치장한 여인들이 들이닥쳐도 꼿꼿하게 앉아서 따뜻한 불꽃만 피워내고 있었으니까. 마음이 시린 사람들이 찾아오면 타오르는 불꽃으로 온 몸을 지펴주었으리라. 자신의 몸은 한 줌의 재가 되어도 누군가를 위하여 따스한 온기만 품어내고 있었으리라. 그 온기만큼이나 포근한 마음을 가진 인부들도 차가운 도로에 앉아 보도블록을 깔고 있었으니까. 그 길 걷는 이에게 편안한 공간 만들어줄 마음으로 빈틈없는 사랑을 늘어놓고 있었으니까. 제 몸 달구는 장작처럼.

(2007. 9. 7)

보리수

재래시장에 갔다. 비좁은 통로에 쪼그리고 앉아 있는 구릿빛 할머니. 송아지 엉덩이만한 함지박 안에는 대추알보다 조금 작은 보리수가 가득하다. 군침이 돌지만 사서까지 먹을 만큼 맛있지 않은데도 그 앞에서 머뭇거린다. 단맛은 나지만 시고 떫어서 입맛이 당기지 않는 보리수. 그 작은 알갱이에 추억 하나가 매달려 있다.

중학 시절 뒷자리에 앉았던 친구는 파란 완두콩이 든 내 도시락을 부러워했다. 하얀 쌀밥에 동그라미 무늬를 박아놓듯 드문드문 박힌 콩, 그 무늬는 시야를 즐겁게 하고, 김치 하나만 있어도 입맛을 돋웠다.

막내로 태어나 조실부모한 친구는 부모님 사랑을 그리워했다. 게다가 오빠 사랑마저 올케언니한테 빼앗겼으니 질투심만 강하게 드러낼 수밖에. 그런 환경에 있는 친구였기에 더 깊은 정을 주었는지 모른다. 시골에서야 텃밭만 있으면 심어먹는 콩에 눈길을 주는 친구는 그 흔해빠진 완두콩을 좋아했다. 그래서 한 봉지 담아 등굣길에 갖다 줬다.

그리고 며칠이 지난 어느 날, 빨간 보리수를 한 박스 들고 온 친구는 내게 건네주었다. 지금 생각해보면 메리야스케이스가 아니었나 싶다. 저녁상을 치운 우리 가족은 마루 끝에 모여앉아 달콤하면서도 시고 떨떠름한 보리수를 맛있게 먹었다. 첫 입에는 달지만 뒷맛은 떫은 감을 먹은 것처럼 텁텁하다. 그래도 밤 깊어가는 줄 모르고 먹었던 기억을 아버지는 잊지 않으셨다. 그 후, 보리수나무를 찾아 다니셨으니까.

보리수는 시고 달고 떫지만 성질은 편안하며 독이 없는 게 특징이라고 한다. 그래서 목마름이나 천식, 해수를 치료하며 오장을 보익(補益)하고 번열(煩熱)과 소갈(消渴)을 없앤다고 한다. 그 작은 알맹이의 힘은 자식을 향한 아버지 마음속같이 무한하다. 또 거두어들이는 성질이 있어서 설사를 멎게 하고 피나는 것을 멎게 한다고 하니 우리 몸에 들어와 손해날 게 하나 없는 보약과도 같다. 자식을 향한 부모님 마음이 바로 이런 것 아닐까 싶다. 그러나 자식은 그 품 안에 머물러 있을수록 삶에 보약인 것을 가끔은 잊고 산다. 그런 보리수나무에는 굵은 가시가 촘촘히 박혀있어 쉽게 접근할 수가 없다.

아버지도 그랬다. 인자한 것 같으면서도 위엄 있게 느껴져 말 한마디 제대로 하지 못했다. 아버지 기침소리만 들려와도 떠들썩하던 방안이 조용해지고, 외출했다 돌아오는 인기척만 들려도 자리에서 벌떡 일어나 맞이할 준비를 했다. 그 시절 아버지는 엄격하신 만큼 존경을 받았다. 그러나 요즘 아버지들은 엄하기는커녕 설 자리마저 없음이 안타깝다. 그래서인지 고향에 가면 가지마다 달라붙은 보리수가 예사로 보이지 않는다.

아버지가 심어 놓은 보리수는 단순한 열매가 아닌 사랑이었다. 붉게 익어가는 보리수를 화초처럼 가꾸던 아버지, 어쩌면 자식처럼 보여서 그토록 애지중지 가꾸셨는지 모른다. 집 안 울타리를 차지한 보리수. 그 열매를 따서 잼도 만들고 가루도 만들어 수시로 먹으면 어떤 천식도 고칠 수 있다고 한다. 자식이 부모에게 주는 기쁨처럼 말이다.

지금도 친정 집 뒤뜰과 앞 담장 밑에는 탐스러운 보리수가 주렁주렁 매달려 있다. 나는 그 나무를 볼 때마다 딸을 사랑하는 아버지 마음을 보는 것 같아 가슴이 찡하다. 가지가 찢어질 만큼 매달려서 견뎌내기 힘들어도 부러지지 않고 버텨내는 보리수나무, 그는 자신의 몸이 땅과 가까워져도 자식을 위한 일이라면 피하지 않던 아버지처럼 든든하게 서 있다.

아버지는 나와 친구의 우정을 오랫동안 간직해 주기 위하여 그 나무를 얻어왔다고 했다. 그러나 나는 그 속에서 사춘기소녀들의 탱탱한 볼처럼 토실토실한 열매를 보며 객지에 나가있는 딸을 그리던 아버지 모습을 그려본다. 그 작은 열매 속에는 아버지 향기가 가득 담겨져 있다. 진하게 풍겨낼 향기는 없어도 마음을 사로잡는 은은한 향기로. 값비싼 열매도 아니고 흔한 열매인데도 아버지는 보리수가 익어갈 무렵이면 영락없이 전화를 하셨다.

그렇게 소중했던 시간이 흐르고, 그때 아버지가 이어준 친구는 내가 사는 산본에서 아주 먼 창원에 살고 있다. 그래서일까. 보리수가 익으면 친구가 보고 싶다.

나는 보리수가 익을 무렵이면 아버지 사랑을 마음으로 그려본다. 얼굴 한번 보지 않은 딸의 친구를 그리게 한 아버지. 그 아름다운 추억을 가슴 한편에 묻고 살게 해준 아버지는, 남들이 탐내지 않는 것에서 보잘 것 없는 알갱이 속에서 우정을 찾아주셨다.

우리 몸에 들어와 해로움이 하나도 없는 보리수나무는 이제 마당 끄트머리로 옮겨져 있다. 해마다 이른 봄이 되면 새로운 싹이 돋아난다. 하얀 꽃을 피우고 난 자리에 푸르스름한 열매를 맺는다. 그리고 6월쯤 붉게 익을 무렵이면 부모님 사랑과 친구의 우정이 춤을 추듯 너울거린다.

(2009. 6. 1)

향나무

'혼자 있을 때는 마음의 흐름을 살피고, 여럿이 있을 때는 말을 살피라'고 했다. 이 뜻은 비단 사람에게만 해당되는 일이 아닌 듯싶다. 한 그루의 향나무에게서 짙은 향기를 느낀다.

필경사 뒤꼍은 대숲으로 둘러싸여 있다. 그 옆에는 허리가 약간 휜 듯한 향나무가 반기고 있다. 그곳에서 독립운동과 농촌계몽운동에 앞장선 심훈 선생의 발자취를 밟으며 그 향기를 맡아본다. ≪영원한 미소≫에서 가난한 인텔리어의 계급적 저항의식, 식민지, 그리고 귀농 의지가 잘 그려져 있다면 ≪상록수≫는 젊은이들의 희생적인 농촌사업을 통하여 강한 휴머니즘과 저항의식을 고취시키지 않았던가. 행동적이고 지성적이었던 그의 작품들에는 민족주의와 계급적 저항의식 및 휴머니즘이 기본정신으로 흐르고 있다. 그는 농민계몽문학 이후 리얼리즘에 입각한 본격적인 농민문학의 장을 여는데 크게 공헌한 작가였다.

봄바람이 불어올 때마다 내 옷자락에 매달리는 향기를 가슴으로 받아들인다. 훈훈한 마음들이 살갗으로 파고드는 것을 느낀다. 긴긴 시간 이곳에 머물며 풍겨낸 향기가 얼마나 많은 이들에게 따스함을 안겨 주었을까. 세월의 흐름을 살피는 동안 고목으로 변하여도 그 자리 지키고 서 있는 나무. 수많은 가지들이 뻗어 나가는 동안 은은한 향기만 풍겨낸 모양이다.

그 향나무는 심훈 선생이 집필하는 걸 보아왔기에 묵직하게 보인다. 다소곳이 뻗어 올라간 모습에서 선생의 올곧음을 헤아리며 그 깊은 마음을 느껴본다. 든든하게 서 있는 향나무에서 온갖 떠오르는 잡생각을 없애본다. 비바람 불어와도 조용히 흔들렸을 나무, 강풍이 불어와도 꺾이지 않았을 나무는 늘 푸른빛으로만 살려고 했다.

향나무는 향 불 피우는 곳에만 사용하는 줄 알았다. 그가 갖고 있는 또 다른 의미는 찾아보려고 하지 않았다. 그러나 향 불 이상으로 더 소중한 의미를 낸다는 사실을 하나 얻었다. 향나무는 자기 몸에서 나오는 향기를 스스로 확인할 수 없지만 내면의 향기는 알고 있을 것이다. 가지 끄트머리마다 아름다운 향기들을 달고 있었으니까.

한 그루의 나무에서 나오는 향기처럼 사람과 사람 사이에도 시간이 흐를수록 그 향기가 짙어지면 좋겠다. 만남의 횟수가 많을수록 풍겨내는 정도 두터워지면 좋겠다. 잠시잠깐 만났어도 오래 전에 만난 것처럼 푹푹한 사랑으로 남아있는 만남이면 더 좋겠다.

몇 십 년의 세월을 살아오면서 한 맺힌 사연 풀어내지지 못하여 옹이가 생기고 군데군데 흠이 생겨도 심훈 선생의 혼을 지키듯 꼿꼿하게 서는 나무. 저 자리 지키는 동안 겪지 말아야 할 일 수없이 견뎌내며 살아왔겠지.

아끼는 벗과 같이 한 시대를 같이 살아갈 수밖에 없는 영원한 동반자다. 나무와 사람이 말로는 통하지 않지만 어떤 생각을 갖고 사는지 어떤 고민이 있는지 느낌으로 알아낸다. 그래서 집 안팎으로 나무를 심고 가꾸는지도 모른다. 사람들은 말을 하면 옮겨 갈 수 있지만 나무는 옮겨가지 않는다. 말 하는 이의 마음을 편안하게 해주고 조용히 들어주며 생각할 시간을 준다. 그래서 그 그늘 밑에 앉아 있으면 피로가 풀리고 여유로워진다.

심훈 선생께서 조국을 그리고 어머니를 그리며 쓴 글들을 필경사 전시관에서 만났다. 그 안에는 아픔과 사랑, 그리움이 숨어있었다. 한 점 한 점 집필한 원고 속에는 향나무만이 갖고 있는 은은한 향기들이 들어있다. 선생의 흔적들과 함께 향긋함이 배어있다. 발길 닿는 곳마다 마음이 머물고, 향나무 봇지않은 선생의 향기는 봄바람이 일렁일 때마다 풍겨온다.

일제의 압박과 피폐한 농촌의 현실 속에서 농민 운동을 전개해 나가고, 상록수의 남녀 주인공을 구체적이고도 생생하게 그려내었다. 실제 인물이었던 최용신(채영신)을 모델로 하고 있어 더욱 사실성이 부각되어 가슴으로 와 닿는다. 1930년대 초에 파급되기 시작한 '보나로드' 운동과 문맹퇴치를 위한 계몽 운동이 사실적으로 반영되어 심훈의 다른 작품에 비해 농촌 사회의 현실이 보다 포괄적인 맥락에서 성찰되고 있다.

필경사 옆에 다소곳이 서 있는 향나무에서 농촌 현실을 그린 선생을 그려본다. 한 평생 살아온 흔적들을 깊이 뻗은 뿌리 속에 묻어 놓고 남은 생을 살고 있지 않은가. 고목으로 변하는 몸통 가지마다 무성하게 양분 나눠주며 사계절을 푸른빛으로 오고가는 이들 맞이하며 흩어짐 없이 묵직하게 서 있다. 향나무 주위마다 옅은 향기를 담뿍 뿌려 가면서.

(2009. 3. 6)

말강구

어두운 곳간에 갇혀있던 곡식들이 밝은 세상을 보는 날이다. 창고 가득 차곡차곡 쌓아둔 집 안이나 곳간을 다 뒤져도 나올 게 없는 집안이나, 장날 아침이면 퇴청마루 모퉁이에 여러 곡식들이 소복이 쌓였다.

장에 갈 준비를 마친 어머니는 머리도 감고 구리모(로션)도 바르고 새 옷으로 갈아입었다. 한동안 마루 밑에서 먼지를 뒤집어 쓴 누런 고무신도 뽀얀 살을 내보이는 아침이다. 어머니는 허름한 보자기에 갖가지 곡식들을 챙겨 이고 나가신다. 올망졸망한 형제들은 어머니가 사립문을 나서기도 전에 돌아올 시간을 기다린다. 저 무거운 짐 보따리가 비워지면 돈이 생길 것이고 그 보따리 안에는 눈깔사탕이나 강냉이가 담겨져 있을 테니까. 그리고 저녁 밥상에는 구수한 맛의 생선이 오를 것이니까.

오일에 한 번 서는 장. 장터에 들어가기 전, 역전 근교에서 반갑게 짐을 받아가는 이가 있었다. 그들은 큰 포대를 옆에 놓고 한 되 두되 덜어오는 보따리를 받아 중간에서 가로챘는데 이를 가리켜 말강구라고 불렀다.

여러 가지 곡식들을 됫박이나 말로 사서 구전을 받아먹는 사람이란 뜻이다. 그 당시 곡식을 사고팔 때에는 무조건 말강구를 거쳤다.

역전마당 큰 소나무 아래에는 말강구가 몇 명 있었다. 그 중에는 친구 어머니도 계셨다. 나는 호기심 많은 나이에 말강구의 행동을 보면서 궁금증이 생겼다. 가게가 아닌 노점에서 파는 것도 그렇고, 같은 시골 사람인데 그 많은 짐을 다 받아들여서 무엇할까 싶었다. 그러나 그렇게 사들인 곡식은 한 가마니에 한 말 정도 남는데 그 이익금을 챙긴다는 것을 알게 되니 그들이 곱게만 보이지 않았다. 똑 같은 말로 사고파는데 어떻게 해서 곡식이 남을까? 어린 나이에 그것조차 의문이었다.

그 궁금증은 세월 지나 알고 보니 말강구의 말은 각 가정에 있는 표준 말보다 조금 컸다고 한다. 그래서 집에서 곡식을 가져올 때 넉넉히 넣어야만 말강구의 말로 가득 담겨져 제 값을 받았다는 것이다.

나는 고향을 일찍 떠났다. 그래서 오일장의 그 훈훈했던 정과 북적거리는 골목길 틈새를 엄마손 잡고 따라다녔던 순간들이 기억 저편에 머물러 있을 뿐, 말강구가 언제 사라졌는지 모른다. 장터에서 만난 어른들은 인정미가 풍부했다. 어렴풋한 기억 속엔 호떡 하나 풀빵 하나 손에 쥐어주던 풋풋한 얼굴들을 가슴에 담아두고 있다. 그러나 그 정겨움을 살짝 맛보았을 뿐, 뭔가를 알 수 있는 나이에는 장터 안을 들어가지 않았으니 세월의 무심함이 아쉬움으로 남는다.

그런데도 불구하고 말강구에 대한 기억은 생생하다. 내가 물건을 직접 사고 판 경험은 없지만 그들이 어떤 역할을 하였는지에 대해서는 조금은 알 것 같아 오일장에 들어서보니, 시골 장터의 옛 정경은 보이지 않았다.

도시에 자리 잡은 나는 말강구를 본 지가 언제인지 모른다. 역전마당 소나무그늘에서 큰 멍석 하나 펼쳐놓고 손님을 맞이하던 말강구. 오며가며 모든 사람들과 정 나누면서 그 내면 어딘가에 속임을 한 자락 깔아놓았던 말강구. 그들은 지금 무엇을 하며 살고 있을까? 과거 지역 사람들의 보따리를 받아 곡식 한 톨 더 챙기려던 억척스런 마음 기억이나 하고 있을까. 살다보면 알면서 속는 일도 있는가 하면 전혀 모르고 속는 일이 허다하다. 그 직업이 해체되면서 어떤 삶을 살고 있을까. 가족의 생계를 위한 땅은 있었겠지만 부업으로 달라붙는 곡물이 끊기면서 그들의 삶도 약간의 흔들림이 있었을 것이다.

그런 흔들림 속에서도 장터 안의 정겨움은 가는 곳마다 배어 있었다. 비릿한 생선냄새, 간간이 큰소리치며 터지는 구수한 맛의 튀밥향기, 코를 벌름거리게 하는 고무신 때우는 냄새, 어디 그뿐인가. 대장간 앞에는 낡은 낫과 호미, 쇠스랑이 불구덩이에 들어갔다 나오면서 새것으로 변신하고, 은박지 한쪽이면 양은솥이 말끔히 때워져 새것으로 되살아났다.

그러나 이제는 그 소중했던 농부들의 알뜰함까지 먼 추억의 모퉁이로 물러서 있다. 그토록 활기 넘치던 시골장터는 상인도 없고 소비자도 없는 썰렁한 공간이 되어있다. 말강구라는 말도 찾아볼 수가 없이 오일장의 그 정겨운 풍광은 느껴본 지 오래다. 그런데도 기억 저편에 자리 잡고 있는 추억 한 자락은 여전히 혼탁한 머릿속을 말끔하게 한다.

(2010. 2. 3)

하이힐 발자국

수업을 마치고 돌아오는 길에 눈이 소복이 내린 날을 참으로 좋아했다. 눈길 위에는 여러 발자국들이 지나갔지만 내가 찾는 발자국은 따로 있었다.

일명 삼총사라는 별명이 붙은 희숙, 은순, 나는 십리 길을 걸어서 초, 중학교를 다녔다. 지금은 그 길이 멀다는 이유로 걸어 다니지 않지만 그땐 즐겁기만 했다. 바라만 봐도 웃어대던 소녀시절, 누구나 다 하는 말이지만 등하굣길에 일어난 일들을 나열하면 몇 십 권의 소설책도 나올만하다.

한 여름 날, 자전거만 지나가도 흙먼지가 풀풀 날리던 신작로 길이었다. 땀을 뻘뻘 흘리며 걸어가고 있을 때, 딸딸딸 하는 기계소리가 들려오면 비켜서기 이전에 반가움이 앞섰다. 마음씨 착한 아저씨를 만나면 그 딸딸이를 얻어 타고 편안하게 올 수 있지만, 성미 나쁜 아저씨를 만나면 뒤꽁무니에 매달려 줄다리기를 하듯 끌려간다. 그렇게 한참 가다가 팔

힘이 쭉 빠져 따라갈 수 없게 되면 딸딸이에서 떨어져 툴툴거렸다.

내가 다니던 길은 신작로와 철길이 있었다. 철길은 평행을 이루어 지름길이나 신작로 길은 산모퉁이를 끼고 돌아 조금 먼 길이었다. 그래서 철길로 자주 갔는데 선로반 아저씨한테 걸리는 날은 논두렁으로 뛰어야 했다. 나는 그게 싫어서 되도록 신작로로 다녔다. 하지만 가끔은 다리 예뻐진다는 말에 철로 위를 걸었다. 중심을 잡지 못하여 삐뚤거리면 친구들이 붙잡아주었다. 이처럼 기억할 수 있는 일들이 어디 한두 가지랴. 그중 더 기억나는 게 있다면 눈 위에 나타난 하이힐 발자국인 것을. 눈 위에만 나는 게 아니라 반질반질하게 길들여진 길 위에 콕콕 파인 발자국은 우리를 설레게 했다.

하이힐을 신고 다니는 사람이 비단 우리 이모뿐이었을까. 당시에는 검정고무신이나 털신을 신은 이가 태반이었고, 웬만한 멋쟁이가 아니고선 하이힐을 신지 못했다. 신작로 위에 나타난 하이힐 발자국이 우리 동네로 들어가는 좁은 길목에 나타나면 희숙이와 나는 서로 자기 이모라고 우겼다. 결국 내기를 하여 진 사람이 이긴 사람에게 뽀빠이 과자 하나 사주는 걸로 매듭을 짓지만 그 발자국은 매번 우리 집으로 갔었다. 그러니 나는 늘 당당할 수밖에.

먹을거리가 궁핍한 시절, 이모의 손에는 귀한 과자가 한 보따리 들려 있었다. 라면땅, 뉴~뽀빠이, 사탕, 사과 등이 우리 형제들을 즐겁게 했다. 뒷산에는 낮은 음의 부엉이와 높은 음의 올빼미가 울어대고, 굴뚝마다 뿌연 연기가 하늘로 치솟고, 문고리 달랑거리며 문풍지 사이로 찬바람을 몰고 오는 겨울밤이다. 이모가 오는 날은 밤 깊어가는 줄 모르고 오순도순 이야기하는 사이 할머니는 과자를 똑같이 나누어주셨다. 모두들 제 몫으로 받아든 과자는 챙겨두고 동생들 손에 든 과자에 눈을 돌렸다. 나도 동생 입에 들어가는 것까지 빼앗아 먹다가 손가락을 물린 기억이 있다. 그러니 이모를 기다리는 건 손님이 온다는 반가움보다 과자가 더 앞섰는지도 모른다.

엄마와 나이 차이가 많은 이모는 언니 같아서 존댓말을 쓰지 않았다. 조카들에 대한 정도 남달랐다. 그래서 더 많이 기다리고 정이 들었는지 모른다. 나이가 들수록 가슴 뭉클하게 와 닿는 이모를 자라나는 세대들은 불러보기 어렵게 되었다. 시대의 흐름은 가족도 친지도 멀어지게 한다. 형제가 없으니 이모도 고모도 없는 사회가 아닌가.

눈길을 걸을 때마다 떠오르는 이모의 모습은 선명하게 나타난다. 하이힐 발자국이 지천으로 나 있지만 예전에 본 발자국은 저 멀리 물러나 있다. 가뭄에 콩 나듯 나타났던 발자국에 대한 그리움은 흰 눈처럼 쌓여가는데 나는 그 발자국을 잊고 있었다. 이모의 눈가에는 미소가 흘렀고 이모의 입가에는 장난기 섞인 말투가 출발선에 선 달리기선수처럼 늘 자리 잡고 있었는데. 그렇게 우리 집안을 웃음으로 채워 놨는데….

지난해는 친정엄마의 칠순이었다. 아버지도 안 계시고 형제분도 없고 하여 우리끼리 의논하여 가까운 친지들을 모시려고 했다. 각자 분담하여 잔칫상을 차리려고 했는데 3년 전, 아버지를 보내신 어머니는 그게 마음에 걸리는 모양이다. 아예 말도 꺼내지 못하게 하여 일가친지도 부르지 못한 채 동네 어른들만 모셨다. 조촐하지만 어머니가 원하시는 일 같아 나름대로 흡족했다. 그런데 점심상을 막 치우려는데 큰이모와 막내이모가 오셨다. 지은 죄 없이 마음이 숙연해진다.

엄마가 이모한테도 알리지 말라고 한 것은 어려운 경제에 부딪침 때문이다. 건축 현장에서 밥집을 하는 이모는 여름내 판 식비 중, 몇 천만 원을 받지 못하여 힘들다고 했다. 현장이 부도가 나면서 한 푼도 받지 못하여 마음 쓰고 있을 거라는 말에 우리도 그만 마음을 접었던 것이다. 그런데도 이모는 여전히 밝은 표정으로 들어선다. 눈웃음 살살치며 "잘 지냈니." 하고 묻는다. '예'도 못하고 '응'도 못하고 어정쩡한 대답을 했다. 세월이 흘러도 그때 그 모습이다. 다만 내 자신이 나이를 먹었는지 쑥스럽게 느껴질 뿐이다.

나는 이모 앞에서 지나온 날들을 처음으로 토해냈다. 하이힐 발자국을 보면서 하굣길의 즐거움을. 순간 이모의 얼굴에 웃음꽃 하나가 살그머니 맺힌다. 조카에 대한 사랑이 피어난다. 과거 이모 손에 든 즐거움의 과자처럼. 하굣길에 만난 그 하이힐 발자국처럼.

고란초

모든 진실은 언젠가는 반드시 밝혀지기 마련이라고 흔히 말한다. 그렇지만 연못에 빠져 죽어 귀신이 된 장화가 밤중에 사또님 앞에 나타나서 계모의 모든 죄상을 일러 바쳤듯이 그렇게 감춰진 진실을 밝혀줄 증인이 항상 있는 것은 아니다. 증인들은 보복이 두려워 입 다물기도 하고 누군가에 의해서 사라져버리기도 한다.

삼천궁녀의 낙화암 전설이 그렇다. 정말 삼천궁녀가 있었을까? 그렇다면 그 죽음을 증언해 줄 수 있는 증인이 있어야 하는데. 만일 확실한 증인이 있었다면 그는 낙화암 절벽에 붙어서 사실을 직접 목격한 풀포기나 바위일 것이다.

'궁녀가 치마폭 뒤집어쓰고 떨어지네, 웬일일까? 또 떨어지네. 또 떨어지네. 백, 2백, 3백, 자꾸 떨어지네, 가엾어라.'

고란초는 아마도 그 전설의 진실성에 대한 목격자일 것이다. 그런데도 아무런 말이 없다.

초등학교 6학년 봄 소풍으로 고란사를 보고 돌아올 때, 나의 작은 가슴은 삼천궁녀의 슬픈 전설 때문에 자꾸만 눈물이 고였다. 그리고 34년이란 긴 세월이 지나서 아줌마 문인이 되어 다시 고란사 입구로 들어섰을 때는 눈물대신 문학의 향기로 충만하였다. 그런데 돌아올 때는 다시 34년 전처럼, 비록 눈물은 아니라도 가슴속이 적셔지고 있었다.

고란초를 좋아해서만은 아니다. 백제가 멸망한 후 여기저기 흩어져 숨어 살던 유민(遺民)들의 모습을 보는 것 같아서다. 그들도 그렇게 사라진 고란초와 비슷했을까. 고란사는 백제 말기에 창건된 것으로 추정되고 있다. 그때 그곳에는 고란초가 많기 때문에 사찰명도 고란사가 되었을지 모른다. 그런데 나는 그곳을 둘러보고 나오면서부터 다른 생각을 하게 되었다.

의자왕은 당군에 패하고 항복한 후 자식들과 군사들을 합쳐서 88명, 그리고 백성 약 1만 2천 명과 함께 포로가 되어 당나라로 끌려갔다는 기록이 있다. 그리고 당대의 전쟁 상황으로 보면 나머지 백성들은 병자호란 때처럼 닥치는 대로 도륙을 당하고 여인들은 강간당했을 것이다. 물론 신라 군사들도 백제인들을 모조리 죽이자고 가세했을 것이고. 그래서 나는 이렇게 생각했다. 한 여인이 어린애를 안고 그 사찰로 뛰어 들어 구원을 청하고 숨어 살다 죽은 일이 있을지도 모른다고. 궁녀가 그렇게 절간으로 피신해서 백제인이며 궁녀라는 것을 숨기고 살다 갔을 수도 있지 않을까.

고란초는 뿌리조차 내리기 어려운 돌멩이 틈바구니에 겨우 끼어 산다.

그것도 양지바른 돌 틈이 아니라 남들 눈에 잘 띄지 않는 침침하고 그늘진 돌 틈이다. 그리고 사람이 지나다니는 평지가 아니라 가파른 낭떠러지나 벼랑에 산다.

여느 난들은 좋은 집안에서 융숭한 대접을 받으며 호화롭게 자란다. 예쁜 화분에 옮겨 놓고 애지중지 다뤄도 몸살을 앓고 온갖 병치레를 한다. 성질이 까다로워 그러는지 낯선 환경에 적응을 못해서 그러는지 햇빛과 습도를 잘 맞춰줘야 제구실을 한다. 그런 대접을 받으면서도 무엇이 여유롭지 못한 사람처럼, 침착하지 못한 사람처럼, 그리고 나약한 사람처럼, 잘 견뎌내지 못한다.

또 고란초는 은화식물이다. 꽃을 숨기고 있는 식물을 은화식물이라고 한다. 일본군이 중국 난징에서 30만 학살을 저지를 때 젊은 여자들은 얼굴에 검은 칠을 하고 꽃다운 아가씨의 정체를 감추었다고 한다. 꽃을 숨기는 고란초가 꼭 그렇다. 또 자식들을 퍼뜨릴 씨앗도 잎의 뒷면 포랑(胞囊)에 숨기고 있다. 이렇게 자식들마저 숨기고 사는 고란초는 씨를 말려 죽이려 하는 가해자를 피하기 위한 방법이나 마찬가지다. 백제 유민들이 이렇게 살지 않았을까?

나는 어릴 때 이곳에 오면 고란초를 만날 생각에 가슴이 설렘으로 이어졌었다. 고란사 뒤뜰 사랑채만한 큰 돌 사이에 세 포기 고란초가 나란히 줄지어 있었다. 우리는 그것을 보기 위하여 친구들 어깨 너머로 기웃거렸다. 신기한 보물을 찾은 것처럼 그 자리를 떠나지 못하고 머물러 있었다. 그때까지만 해도 사람들 눈에 잘 보이는 곳에 자리 잡고 있었는데,

이제는 그 고란초도 사라져 버렸다.

고란초에 대한 아쉬움을 확인하려고 사찰 관리인에게 물었더니, 그는 사람들 눈에는 잘 보이지 않으나 돌멩이 틈 사이 어디엔가 살아있다고 한다. 그 반가운 말 속에서 백제 역사도 살아있음을 확인한다. 그러나 살아 있으되 숨어 있다는 것이 안타깝다.

고란사 뒤뜰 어딘가에 지금도 자라고 있을 한 줄기 고란초는 나약한 식물이었다. 그러나 그 뿌리와 뿌리는 서로 의지하며 살아온 것이다. 숱한 비바람에도 끄떡없이 견뎌내면서 자신에게 주어진 자리를 달갑게 맞이했다. 좋은 자리 차지하려고 투정하지 않고, 말없이 한길만 고집하며 겸허한 마음으로 그 맥을 이어오고 있었나 보다. 역사 속에서 본 듯한 인생의 참맛을 알아낸 성직자처럼, 또는 고난이 깊은 사람처럼 그렇게 말이다.

달빛 아래 잔을 들며

일찌감치 보름밥을 해 먹고 동창 모임에 갔다. 하나 둘 모여드는 표정들을 보니 입술에는 웃음꽃을, 눈가에는 반달을 동행하고 나타난다. 자기 집 안방에 들어오는 것처럼 편안한 모습이다. 한잔 두잔 술잔이 오고가다가 고향을 지키는 친구 이야기로 화두가 바뀐다. 일부는 타향에서 자리 잡고, 일부는 고향을 지킨다. 아무튼 친구들 이야기가 나오면 입모양은 보름달이요 눈동자는 북극성 못지않게 반짝인다. 친구란 단어가 주는 따사로움과 반가움의 정표다. 우리는 밤 깊어가는 줄 모르고 친구 이야기 속으로 푹 빠져들었다.

어린 날에는 보름날 밤 일찍 자면 눈썹이 하얘진다 하여 늦게까지 쥐불놀이를 하며 놀았다. 그러나 성인이 된 지금 안주가 필요 없을 만큼 신이 났다. 그 정겨운 웃음소리는 스펀지에 물 스며들 듯 가슴속 깊숙이 젖어든다. 이래서 친구란 단어처럼 좋은 말도 없고, 마음 나눌 수 있는 공간도 없는 모양이다.

눈이 많이 내린 어느 해 겨울, 기온은 뚝 떨어지고 어머니가 걱정된 친구는 아침 일찍 전화를 드렸다고 한다. 신호는 가는데 받지 않는 전화에 마음 쓴 일들이 어찌 그 친구에게만 있었을까. 홀로 고향에 계신 연세 많은 부모님, 늦은 시각 귀가하지 않은 자녀, 보고픈 친구 등등. 이런 일 한 번쯤 겪어보지 않은 사람은 없을 것이다. 그러면 이런저런 이유를 불문하고 쓸데없는 걱정부터 한다. 그 친구도 홀로 계신 어머님 걱정에 오만가지 상상을 하면서 손 전화를 계속 눌렀다고 한다.

한참 뒤, 어머니와 전화연결이 된 친구는 추녀 밑에 있는 40w 전구가 나갔다는 사실을 알았고, 그 즉시 고향을 지키는 친구에게 도움을 청했다고 한다. 십 리 남짓한 좁은 골목길에 눈이 쌓여 차량 운행을 할 수가 없게 되자 오토바이를 타고 달려간 친구였다. 그것도 백열등 하나 교체하기 위하여. 그 말에 가슴이 뭉클해져 오는데 객지에 사는 자신보다 고향을 지키는 친구가 더 낫다며 눈시울을 붉힌다.

그 어머니도 친구의 정 못시않게 깜냥의 정을 나누려고 몸빼 주머니에 넣어둔 꼬깃꼬깃한 돈을 꺼내어 아들의 친구 주머니에 넣어주었다. 그러나 제 어머니 쌈짓돈 같은 그것을 받을 수 있겠는가. 어머니의 정만 가득 담아갔다고 한다.

우리가 머물고 있는 창가에 보름달이 더 환하게 비치고 있다. 더하기도 빼기도 할 수 없는 친구들과의 우정처럼 말이다. 그러니 친구를 만나면 술을 마시고 술은 밤 깊어가는 줄 모르게 한다는 걸 어찌 이백만이 느꼈을까. 달 밝은 밤에, 술과 여자를 좋아했다는 이백의 한시가 떠오르는 시간이다.

月下獨酌 - 李太白

花下一壺酒(화하일호주) 꽃 아래 한 병의 술을 놓고

獨酌無相親(독작무상친) 벗 없이 나 홀로 술잔을 드네.

擧盃邀明月(거배요명월) 잔을 들어 달님을 맞으니

對影成三人(대영성삼인) 그림자까지 세 사람이 되었구나.

달 밝은 밤이 그려진다. 벗은 없지만 홀로 기울이는 술잔에서 달빛에 비치는 자신의 그림자를 보고 셋이 된 마음으로 시를 썼다. 어딘가에 깊이 빠지는 데에는 개인의 차가 있겠지만 이백 만큼 친구와 술을 좋아한 사람도 드물다. 이백의 달과 그림자를 벗 삼아 봄날의 즐거움을 맘껏 누려보는 시어에서 나 또한 친구들의 순수한 우정을 그려본다. 보름달 못지않게 둥글둥글한 마음이 그려져 있다.

가슴 뭉클하게 하는 두 친구의 우정은 정월 대보름 밤하늘에 떠있는 밝은 달빛보다 더 둥글고 아름답게 와 닿는다. 멋진 그림만이 아름다운 건 아니다. 눈에 보이지 않아도 그려지는 그림이 더 아름다울 때가 있다. 마음은 보이지 않지만 긴 세월 살아오면서 마음 한편에 그려놓은 그림은 그 어떤 화가의 작품 못지않게 아름다움이 내재되어 있다. 나는 그런 그림을 찾기 위하여 친구를 만나고 우정을 쌓는다.

세상을 밝혀 주는 달빛에서 친구들의 모습을 그려본다. 외면이 아닌

내면에서 그 밝기를 찾아낸다. 고향 하늘에 뜬 달빛도 서울 하늘에 뜬 달빛도 그 빛의 길이는 잴 수 없으나 친구만이 갖고 있는 빛의 길이는 마음에서 마음으로 이어진다.

(2007. 2. 14)

제4부

그 눈빛 속에는

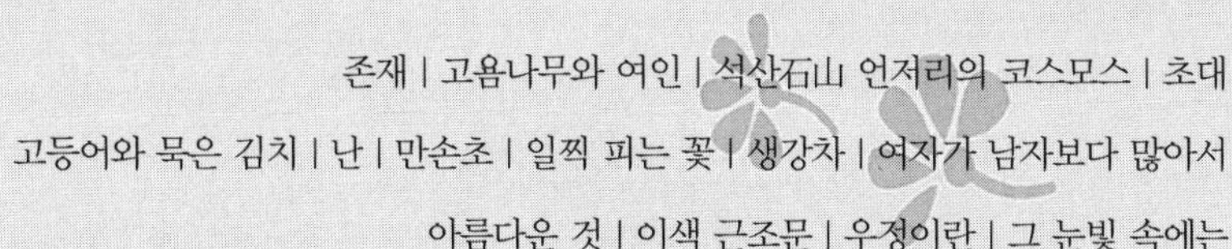

존재

불볕더위가 이글거리는 오후, 몸의 열기를 피하려고 안산 습지공원으로 나들이를 갔다. 넓은 들판에는 초록의 물결이 일렁이고 실바람 불어오는 공중에는 잠자리 떼가 무리지어 날고 있다. 진 녹의 하늘빛 사이로 하얀 뭉게구름이 다양한 모양을 연출하고 있다. 간간이 오가는 사람들의 표정은 동화책 속에서나 나올 듯한 장면이다. 근심걱정 하나 없이 하늘을 날고 있는 잠자리들처럼 마냥 평화롭다.

가볍게 데이트하는 연인, 방학을 맞이하여 아이들과 함께 체험학습을 나온 가족, 대학 사진반 학생들도 종종 눈에 뜨인다. 사진작가들이 와서 하루를 보내면 멋진 작품사진 하나는 건질 것 같은 곳이다. 남편도 예전에 사진관을 운영하여서 나를 곧잘 찍어주었다. 그러나 요즘은 예전 같지가 않다. 삼십 년을 살았지만 남편 앞에 서면 어딘가 모르게 쑥스럽기만 하여 내가 원하는 포즈가 나오지 않는다. 백여 컷도 더 찍었건만 제대로 된 사진이 몇 장이나 나올지 모른다.

남편은 불볕더위에도 아랑곳 하지 않고 나의 하루를 카메라에 담기 바쁘다. 앞모습과 뒷모습을 연신 찍어대더니 뒷모습이 더 낫다고 한다. 순간 훗날 내 삶의 모습이 진정 이러했으면 싶다는 생각이 들었다. 골 패인 곳 짙은 화장으로 아름답게 보여지는 모습이 아닌, 각종 성형수술로 만들어진 모습이 아닌, 자연 그대로. 자글자글한 주름과 구부정한 허리가 살아온 날들을 그대로 그려놓는 그런 삶을 말이다. 이 허허벌판에 자라는 푸른 갈대들도 삭아 없어질 때까지 제자리 지키며 당당하게 자라는 것처럼.

아직은 파아란 갈대가 오동통한 모습으로 튼실하게 서서 흔들리고 있다. 소녀들의 생기 발랄한 모습처럼 생동감 있게 움직인다. 더위를 피해 나온 사람들도, 과제물에 쓰여질 작품을 구상하는 학생에게도, 갈대가 주는 행복감은 값 비싼 보석보다 더 소중하게 보인다. 이 공원안의 갈대들이 아름답게 보이는 것은 진흙탕 속에서도 자신의 모습을 올곧게 세우고 있기 때문이다. 나는 가끔 식물들의 모습에서 우리들의 삶을 그려본다. 그래서 그들과 많은 대화를 나누고 사랑을 준다. 사랑은 누구에게나 필요한 것이니까.

습지공원에서 돌아오는 길에 대야미 갈치저수지에 들렀다. 이곳은 초봄에 와서 쑥도 캐고 고들빼기도 캐는 곳이다. 둑 전체가 봄나물로 밭을 이루고 있어 잠시잠깐 머물러도 식구들의 한 끼 식사에 입맛 돋울만한 나물들이 풍성한 곳이다. 해마다 봄이면 이곳에 와서 쑥을 캐다가 국도 끓이고 전도 부치고 개떡도 만들어 먹는다. 전과 국을 끓여 먹고 남은 것은 설탕에 재어 차로 마시면 일품이다. 여름 내내 유리병에 밀봉해 둔 쑥차, 그 은은한 향기는 집안 가득 계절을 막론하고 봄을 한아름 갖다 놓은 듯하다.

그 야들야들한 쑥이 억세게 자란 곳에 드문드문 피어 있는 망초 꽃, 볼수록 정갈하고 순박하다. 누구의 도움도 필요 없이 스스로 자란다. 초봄에는 보이는 대로 캐다가 삶아서 나물을 해먹고, 그 자리에 남아있던 여린 뿌리는 이 억센 풀 속에서도 생명을 지탱하고 있다. 목을 조이듯이 뱅글뱅글 감아 올라가는 새콩, 살짝 스치기만 해도 가시가 돋치듯이 따가운 며느리밑씻개가 주변에 퍼져있어 자라기조차 힘든 환경이다. 게다가 쑥과 씀바귀가 망초 꽃보다 더 크게 자라서 드문드문 있다가는 살아남기도 어려운 곳이다. 그런데도 불구하고 망초 꽃은 그 열악한 환경 속에서 꿋꿋하다. 뿌리 하나 걸쳐진 곳에서 한 여름 불볕더위에도 고개를 숙이지 않았다. 길가 어디서나 흔히 볼 수 있는 꽃이라 깊은 애정을 주지 않았건만 그는 우리들에게 살포시 미소를 머금게 한다.

이른 봄, 수많은 꽃들이 자신의 자태를 뽐내고 있을 때도 그는 푸른 잎을 지니며 꽃 피우는 일에 서두르지 않았다. 인내심 많은 소녀처럼 자신을 알리기 위한 일에 신경 쓰지 않고 묵묵히 기다리고 있었다. 가녀린 꽃대에서 방울방울 탐스러운 꽃을 피우기까지 긴 시간 기다렸다. 순백과 진노랑의 조화가 잘 어우러져 있어 청순함을 더해주는 꽃. 우리 주변에서 쉽게 바라볼 수 있고 접할 수 있기에 눈길 한 번 주는 것조차 인색했건만 외롭게 살아가는 소녀가장들처럼 씩씩하게 자라고 있다. 망초 꽃은 길가 어디에나 흔하게 피어 있어 쉽게 눈길이 가지 않지만 그렇다고 외면하지도 않는다. 맑은 마음을 가진 소녀의 모습처럼 올망졸망 무리지어 피어있기에 정이 갈 뿐이다. 노란 색을 중심으로 하얀 꽃잎이 나풀나풀 퍼져있는 게 섬세하면서도 아름다운 꽃. 그 모습이 계란 후라이를 해 놓은 것 같다하여 계란꽃이라고도 불리지는 꽃. 그 앙증맞은 꽃을 가만 들여다보면 작은 식물에게도 각자 어울리는 이름이 있었구나 하는 생각을 하게 된다.

우리가 늘 짓밟고 돌보지 않은 식물 하나하나의 삶이 다 소중해 보인다. 살아 있다는 존재 자체로, 끈질긴 생활을 배우게 한다. 한 가닥의 뿌리가 뽑히지 않는 한 절대로 고개를 숙이지 않는다는 것과 야들야들한 이파리가 곧게 선 나무가 되기까지 당당하게 살아가는 힘. 그것은 한 평생 지니고 살아갈 이름 때문이 아니었을까. 그 안에 나도 살고 있다.

(2010. 2. 28)

고욤나무와 여인

수리사에 가면 삼백 년 남짓한 고욤나무 한 그루가 반갑게 맞아준다. 불경소리 은은하게 퍼져갈 때마다 산들산들 이파리 흔들고 있다. 든든한 버팀목으로 제 제자리 지키며 마음 비웠나보다. 이파리는 무성한데, 곁가지는 웅장한데, 몸통은 텅 비어있다. 생명 줄 이어갈 만큼의 거죽으로 남아 반듯하게 서 있다.

한 그루의 나무도 마음을 비워야만 제자리를 지키는 모양이다. 저 안에 욕심 가득 메우고 살았다면 저토록 무성한 잎 간직할 수 없었을 테니까. 숱한 비바람 맞아가며 수많은 사연 다 들어주며 자신의 몸 아끼지 않고 새로운 싹 돋아내는 일로 평생을 보냈으니까. 외롭고 고단한 몸 받아줄 짝 없어도 늘 그 자리에 서 있었으니까.

당당하게 서 있는 고욤나무 속에는 한 여인이 있는 듯하다. 한쪽 다리를 약간 절룩거리는 그녀는 두 아이를 낳아 행복한 결혼생활을 했다. 누구도 부럽지 않을 만큼의 행복을 간직하고 있을쯤 갑작스런 남편의 죽음이 그녀를 더 강하게 만들었다. 어린 두 아이들과 함께 남편의 빈자리를 채우는 그녀, 당시 두 아이들은 중학생이었다. 성치 않은 몸으로 농사일을 시작했다. 공직에 근무하던 남편은 농사일도 하여 늘 바쁘게 살았다. 그 자리를 물려받은 것이다.

여자의 몸으로 영농후계자라는 타이틀을 갖고 억척스레 살아온 여인, 그 뒤에 숨겨진 힘은 엄마라는 단어였다. 자신이 아니면 딛고 일어설 수 없는 두 아이들. 그 단어에 힘 얻어 쓰러질 틈 없이 당당하게 견뎌냈다. 남편의 빈자리를 채우기 위하여 남들보다 더 많은 시간 흙과 함께했다. 자신의 마음 비워가며 들녘에서 보낸 시간, 온몸으로 흐르는 땀방울을 귀찮아하지 않았다. 오로지 사랑으로 보듬었다.

그녀의 땀방울이 보석이라 여겨지는 것은 마음을 비워냈기 때문이다. 만일 그녀에게 허황된 욕심이 들어 있었다면 보석이 아닌 초라한 땀방울로 비춰졌을 것이다. 그녀의 아이들은 대학생이 되어있다. 국방의 의무를 하고 있는 아들과 전국 요리대회에서 1등을 한 딸. 그 아이들은 열심히 살아가는 엄마의 모습에서 자신들의 삶을 설계했을 것이다. 두 아이들에게 비춰진 엄마의 모습. 그것은 수리사 앞에 떡 버티고 서 있는 고욤나무와 다를 바 없을 것이다.

말없는 고욤나무는 수리사를 찾는 이에게 보이지 않는 힘을 주고 있다. 아름드리나무가 속이 텅 비는 동안 울창한 숲을 이루고 있었다. 힘들고 지친 사람들 쉬어갈 수 있도록 이파리 무성하게 만들어 고운 빛을 내고 있다. 나는 그것의 여린 잎 흔들거릴 때마다 희망이란 단어를 얻을 수 있었다.

고목이 된 고욤나무는 삼백여 년을 살아오면서 무슨 생각을 하였을까. 제 몸에 달라붙은 가지와 이파리들 다 찢기고 잘려나갈 때마다 어떤 마음으로 달랬을까. 수시로 찾아오는 크고 작은 일들 겪어오며 옆 가지 마음 다치지 않게 참아왔겠지. 사람들도 저 고욤나무처럼 살 수 있다면 서로의 마음을 다치게 하는 일은 없을 것이다. 서로를 짓밟고 오르는 일 또한 없을 것이다.

그녀가 마음을 비우지 않고 살았다면 지금의 자리가 빛나게 보였을까. 욕심으로 가득 찬 사람의 마음을 비운다는 게 쉬운 일은 아니다. 다만 나를 잊고 살아온 시간들이 또 다른 나를 찾아내어 더 강하게 할 뿐이다. 자신의 욕심 채우지 않고 베풀며 살아왔기에 돋보이는 것이다. 자신이 아니면 돌 볼 사람 없는 허허 벌판에서 두 아이들을 지켜온 여인의 시간이나, 산 기슭언저리에 자기 몸 하나 지탱할 공간에서 뿌리 하나 걸치고 견뎌온 고목나무의 긴 세월이 다를 게 없지 않은가. 험한 길목에 서서 고운 빛을 찾아낸 여인과 고목나무는 어떤 어려움이 닥쳐도 흔들리지 않았기에 당당하게 되살아났다. 그 빛나는 이파리와 가지 속에서 건실한 두 아이들의 미래를 본다. 머지않아 탱글탱글하게 여물 열매를 위하여 지켜가는 여인은 수리사 앞에서 고목으로 서 있는 고욤나무다.

(2007. 7. 30)

석산石山 언저리의 코스모스

몇 해 전까지만 해도 안양 석산에 가면 돌을 채취하느라 바쁘게 움직이는 모습을 볼 수 있었다. 그곳은 관악산 입구라서 등산객들이 많은 곳이다. 푸른 숲이 우거진 산기슭을 층층이 갈아엎어 캐낸 돌.

저 많은 돌들은 어느 집 정원이나 빌딩으로 가서 제자리를 잡을 것이다. 아니면 어느 공사장으로 가서 평생을 짓눌리며 우리들의 안전을 책임지고 있을지도 모른다. 그렇게 산허리를 보기 흉하게 파헤치더니 경인교육대학교가 들어섰다.

드라이브를 좋아하는 나는 틈만 나면 시내를 벗어나 시골길이나 산길을 간다. 그 날도 안양 시내를 약간 벗어났는데 마음이 풍요롭다. 새롭게 단장한 그곳에서 나의 2, 30대를 떠올려 본다.

친구들과 함께 즐겨 찾던 곳이다. 수영도 하고 등산도 하며 사진 한 장 찍으려고 갖은 폼 다 잡았었고, 두 아이를 데리고 풀장에 들어가 물놀이 하던 곳이다. 그때 그 아름다움이 숨어있는 곳에 인공 호수가 생겼다.

시원스런 물줄기는 하늘 높이 솟아오르고 하얗게 뿜어내는 물소리와 함께 그때 그 웃음소리가 들리는 듯하다.

빼곡히 들어선 차량으로 혼잡한 숲길을 벗어나 석산으로 갔다. 물 고인 곳마다 피서객이 모여들어 빈틈이 없다. 우리는 차안에서 내리지도 못하고 그늘진 곳을 찾아 빙빙 돌면서 쉴만한 공간을 찾아 그곳을 빠져 나오는데 넓은 공간에 때 아닌 코스모스 꽃이 내 눈길을 유혹한다. 그 꽃잎에 반해버린 나는 뙤약볕에 차를 세우고 그곳으로 달려갔다.

살랑살랑 흔들어 대는 게 넓은 운동장에서 뛰어노는 아이들과도 다를 바 없다. 어느새 나도 사춘기 시절로 돌아가 있었다. 친구들을 만난 것 마냥 행복했다. 내 앞 가슴에까지 닿을 키의 꽃들은 허허벌판에서 마음대로 자라고 있었다. 기름진 옥토가 아닌 돌밭에서 잘 자라는 코스모스. 그 꽃 속에는 우리들의 과거모습이 들어있었다. 그 향수에 빠진 나는 옴짝달싹 하지 못한 채 한참을 머물러 있었다. 어려운 환경에서 자랐어도 행복했던 기억들. 먹을 것이 부족해도 시대를 탓하지 않고 주어진 자리에서 꼿꼿하게 자란 세대가 아니던가. 가냘픈 코스모스 꽃을 볼 때마다 떠오르는 대상이 있다.

한 집안의 큰언니같이 억척스러움과 시장에서 야채를 팔아 가족의 생계를 이어가는 시장 아줌마다. 그래서 그런지 코스모스 꽃을 보면 가장 예쁜 꽃잎을 골라 몇 잎 따서 책갈피에 넣어두는 버릇이 있다. 순박하고 수줍음 타는 듯한 꽃 잎 속에는 강한 메시지가 담겨져 있음을 느낀다.

그 시대 큰언니는 동생들을 위하여 자신은 돌보지 않았다. 하고 싶은 공부를 포기하고 일선으로 나서야 했던 언니들이다. 당시 시골에는 새마을공장이란 이름으로 창고 같은 공장이 있었다. 그 안에는 10대의 여공들이 가장처럼 일을 했다. 나는 그녀들이 어떤 일을 했는지 모른다. 다만 작은 월급을 타서 집안을 일으키는데 큰 역할을 했던 것만 기억한다. 언니가 많아 그 공장에 다니는 친구들이 부러웠던 기억도 남아있다. 손가락을 바늘로 박아도 환하게 웃으며 일했을 언니들은 한 집안의 울타리처럼 든든한 버팀목이었다.

키가 큰 코스모스 꽃인들 화단 안을 차지하고 싶지 않았을까. 하지만 키가 크다는 이유로 화단 밖 울타리에서 작은 꽃들을 보호하고 있다. 개구쟁이 아이들이 찬 공이 굴러오면 자신의 몸으로 어린 꽃나무를 막아주며 자신의 가지 부러져도 다시 일어서는 코스모스. 돌밭이나 거친 길가에 있어도 늘 순박한 모습으로 활짝 피어나는 코스모스는 큰언니처럼 그렇게 자리 잡고 있다.

넓은 공터에 울긋불긋 피어있는 코스모스 꽃밭에 들어섰다. 마치 시장 안에 들어선 느낌이다. 시장 통로 작은 골목길에서 오가는 손님 나타나면 야채 한 단 집어 들고 소리소리 지르는 아줌마들. 쳐다보지 않아도 방긋방긋 웃고 있는 표정 속에는 코스모스 꽃처럼 밝은 모습이 숨겨져 있다. 이불보따리만한 짐 들어 나르며 허리 구부러지고, 온 종일 쪼그리고 앉아있어 다리에 관절염이 생기는 줄 모른 채 뙤약볕에서 환한 얼굴로 오가는 손님을 맞이한다. 제대로 된 식사도 하지 못한 채 배 곯아가며 땀방울 줄줄 흘려도 가족에 대한 사랑의 힘으로 하루를 보낸다. 시장 안이 떠들썩하게 보이는 것도 그 억척스런 아줌마들이 있기 때문이다.

나약한 코스모스 꽃은 비바람에도 꺾이지 않는다. 몸뚱이가 휘어진 채 끈질기게 꽃을 피운다. 사시사철 가시밭길을 하루도 빠짐없이 지켜가는 아줌마처럼 시도 때도 없이 피어나는 코스모스. 그 꽃잎 속에는 수많은 사연을 이겨낸 여인들의 애환이 가득 고였을 것 같다. 색색의 꽃잎 속에 바쁘게 움직이는 아줌마와 과거 큰언니의 고된 삶이 숨겨져 나풀댄다.

(2006. 8. 14)

초대

지난해 봄, 베란다 청소를 하고 있는데 전화가 걸려왔다. 밝고 힘찬 그녀의 목소리가 귀청을 울린다.

"얘, 숙영아, 우리 만기한테 갈래?"

"그게 무슨 소리야. 뜬금없이. 아닌 밤에 홍두깨라더니…."

중학교 동창인 친구가 중국으로 이민을 가서 성공했다는 소문은 들었다. 그래도 그렇지 학교를 졸업한 지 삼십 년이 넘었는데, 게다가 그 친구를 잘 알고 지낸 것도 아니고 쉽게 나설 수도 없는 일이다. 또 남편의 허락도 받아야 하겠지만 그쪽 사정도 어느 정도 알아야 답변을 할 것 같아 생각해 보기로 하고 일단 수화기를 내려놓았다. 얼떨결에 받은 전화로 나의 하루는 허공에 붕 떠있는 애드볼룬 같았다. 아무것도 정해진 건 없는데 내 몸은 이미 중국에 가 있었으니까. 그날 남편의 퇴근을 기다리며 나는 일이 손에 잡히지 않았고 날이 저물기만 기다렸다.

남편이 들어오자마자 낮에 친구와 통화한 내용부터 연출처럼 늘어놓았다. 철없는 아내를 애교로 봐 주는 건지 귀가 막힌 건지 나를 빤히 바라보며 피식 웃는다. 그렇게 해서 3박 4일간의 중국여행을 허락받은 이후 내 일상은 뜻하지 않게 돈벼락을 맞은 것보다 더 흡족했다. 나는 그 날 주방으로 거실로 옮겨 다니며 콧노래와 함께 굽어지지 않는 몸으로 율동까지 하고 다녔다. 여행은, 계획을 세우는 동안 이미 반은 즐긴다고 생각한다. 그래서 여행의 계획이 서면 줄곧 그곳에 대한 호기심으로 잔뜩 들뜬 게 사실이다. 내가 갈 곳이 어떻게 생겼는지도 모르고 중국 어디인지도 모르면서. 다만 친구들과 함께 그쪽에 있는 친구의 초대로 간다는 게 이렇게 흐뭇했다.

비행기표를 예매해 놓고 준비를 하는 내내 가벼운 마음으로 일상에 접어들었다. 친구한테 가져갈 선물로 무엇이 좋을까. 준비할 물건이 뭐 있을까. 꼭 필요한 물건이 있으면 좋으련만. 그 작은 고민을 하는 것도 행복이었다.

그러나 막상 인천공항에 도착한 나는 여권에 영문자 하나가 잘못 기재되어 출국을 망설여야 했다. 여직원은 출국 수습은 해줄 수 있는데 문제는 돌아오는 날, 중국공항에서 까다롭게 굴면 입국에 대한 책임은 지지 않는다고 한다. 맥이 쭉 풀렸다. 그러나 나 한 사람 안 가서 되는 문제라면 그리 하겠지만 나를 두고 떠나야 하는 일행을 생각하니 그것도 마음이 편치 않고, 그렇다고 그냥 출국하려니까 자신이 없어진다. 이러지도 저러지도 못하고 공항 안을 서성이다가 무작정 떠나기로 했다. 설마 나 한 사람 무슨 일 있을까 싶어서다. 이런 결론 내린다는 것도 나에게 있어

획기적인 반응이지만, 작은 일에는 소심하고 큰일에는 과감하게 결정하는 것도 나의 장점인지 모른다.

우리가 탄 비행기는 창공을 날고 있다. 좀전에 가슴 졸이던 불안은 어디론가 사라지고 즐겁기만 하다. 출발한 지 두 시간 반을 지나 중국 광주 공항에 도착하였다. 친구 대신 우리를 안내할 직원이 나와 있었다. 그의 차를 타고 우리가 묵을 호텔로 갔다. 호텔 정문에는 친구와 그의 부인이 미리 나와 우리를 반갑게 맞이했다. 짐은 호텔에 내려놓고 준비한 작은 선물을 들고 친구 집으로 갔다. 시원스러운 아파트, 깔끔하고 단정하게 꾸며진 집 안에서 친구네 가정의 행복함을 느낀다. 베란다 정면에 태극기를 달아 놓은 것도 가슴 뭉클하게 다가왔다.

그 날 우리는 친구가 운영하는 공장 두 군데를 견학했다. 한 곳에 팔백여 명씩 천육백여 명의 종업원이 있었다. 공장 입구에는 '판교중 20회 친구들 중국방문 환영'이란 현수막이 가슴을 또 울컥하게 했다. VIP대접을 받는다는 게 이런 거구나 하는 것을 느꼈다. 그날 밤 우리는 인생 최대의 접대를 받았다. '랍스타' 요리. 난생 처음 먹어본 요리였다. 랍스타를 오븐에 구운 건 먹어봤어도 회를 떠서 먹은 것은 처음이었다. 화려한 접시 위에 살아있던 랍스타를 그대로 장식하여 나온 요리다. 그 살점들을 은빛 조각들로 나누어져 얼음 위에 예술 작품으로 놓여졌다. 감히 먹을 수가 없을 만큼 화려했다. 그런 랍스타가 입안에 들어가면 사르르 녹는 것 같으면서 쫄깃쫄깃한 게 입맛을 당겼다. 지금까지 먹어본 회 중에 이런 맛은 없었던 것 같다.

중국이란 곳은 땅이 넓어서인지 건물 하나하나가 웅장하다. 특히 음식점에 들어서면 시원스럽고 화려하다. 우리가 앉아있는 이곳도 내빈들의 회의실을 연상할 만큼 크고 우아한 자리다. 여섯 명의 일행이 원탁에 둘러 앉아 랍스타 요리와 그에 따라 나온 갖가지 중국 음식을 즐겼다. 새로운 음식을 앞에 두고 어린 시절의 추억을 더듬다보니 가는 시간이 아쉬웠다. 나는 그 자리에 앉아 밤을 새도 좋겠는데 친구는 다음 코스로 안내를 한다.

비행기를 타고 온 것도 힘들지만 낮에 돌아다니며 피곤하였으니 발마사지를 해야 하지 않겠냐고 어디론가 데려갔다. 중국여행을 몇 차례 하면서 발마사지를 하였지만 이렇게 큰 건물에 들어오진 않았었다. 여행일정에 넣지 않고 옵션으로 들른 곳인 만큼 간단하게 했던 것 같은데 이곳은 달랐다. 웅장한 건물 안에 종업원도 다르게 보인다. 그전에는 가난한 지역에서 온 아이들이라 꼬질꼬질한 게 안쓰럽고 아들 또래들 같아서 좀 약하게 해주어도 말을 하지 않았다. 그러나 이곳 종업원은 갖출 만큼 갖춰진 복장에 예절이 바르다 보니 마음이 편안했다. 그래서인지 예전에 와서 받을 때처럼 안쓰러운 마음이 덜 들었다. 물이 아닌 스팀으로 충분히 김을 쏘이고 나서 온 몸을 다 풀어주었기에 쌓인 피로가 확 풀리면서 시원했다. 그렇게 마사지를 마치고 난 뒤 청도맥주를 한 잔 하는 걸로 그날 일정은 마무리되었다. 친구를 보내고 호텔로 들어왔지만 아직도 그 신선하고 우아한 랍스타 요리는 눈에서 아른거린다.

누군가로부터 초대를 받는다는 게 이렇게 황홀할 줄이야. 우리들의 일정을 마무리해 주고 돌아간 친구를 생각해 본다. 중국이란 땅에 와서 어느 정도 자리를 잡아갈 무렵 동업하던 업자가 갑작스런 질병으로 한국으로 돌아와야 했단다. 이미 시골 집 재산을 투자하여 세운 공장인데 그렇다고 그걸 다 접고 돌아갈 수도 없고, 앞이 캄캄하여 아무것도 보이지 않았다고 한다. 그러나 친구는 포기하지 않았다. 언어가 통하지 않는 외국이지만 신용 하나로 승부를 건 친구였다. 힘이 들 때 의지할 곳 없는 곳에서 혼자 딛고 일어선다는 게 쉬운 일은 아니다. 그러나 그 힘든 과정을 거쳐 지금의 자리에 선 모습이 대견스럽다. 그럼에도 그 소박하고 수수한 인상이 내게 가장 깊이 전이되고 있다.

고등어와 묵은 김치

"고등어는 잘못이 없다. 다만 묵은 김치를 만났을 뿐이다."

버스를 타고 안양 시내를 가는데 도로변에 있는 음식점 유리창에 큼지막하게 써 있는 글씨가 눈길을 유혹한다. 한동안 점심 약속이 있으면 고등어조림을 잘하는 집을 찾아갔다. 문학공부를 같이하는 회원의 소개로 들렀는데 예전에 알고 지내던 이가 운영했다. 그래서 한 번 갈 곳을 두 번 세 번 또 갈 수밖에. 식당 안이 비좁고 불편해도 정갈한 음식에 입맛도 맞고 몸에도 좋은 안동 간 고등어조림. 나는 그곳을 일수계라도 하듯 드나들었다.

고등어 속에 묵은 김치가 들어와 고등어의 맛을 더 낸다고는 생각하지 않았다. 고등어보다 김치가 더 맛있었으니까. 그렇다면 고등어 속에 들어온 김치가 고등어 특유의 맛을 빼앗아간 것일까. 고등어와 묵은 김치, 누가 더 강한 맛을 내고 있었을까. 누가 누구를 더 의지하고 있었을까. 버스 안에서 목적지까지 가는 내내 실없이 새어나오는 웃음을 감추지 못했다.

고등어의 비린 맛을 없애 주려고 칼칼한 묵은 김치가 들어온 것 같은데. 그게 아니란 말인가? 그렇다면 고등어의 기름기가 빳빳한 김치 속에 들어와 야들야들하게 만들어 놓았단 말인가? 혼잣말로 중얼거리며 고개를 갸우뚱거린다.

정답 없는 논술 문제를 갖고 고민하듯 답이 없는 문제를 갖고 신경을 쓰고 있다. 그래도 분명 답은 있을 것이다. 논술문제도 답이 없는 것 같지만 답이 있으니까. 복잡한 머리 굴려대며 목적지에 내렸다. 조금 전까지만 해도 그토록 끙끙 앓던 고민은 온데간데없이 사라지고 친구들과의 대화에 귀 기울인다. 환한 웃음소리에 고등어와 묵은 김치 따위는 안중에도 없다. 얼큰하고 쫄깃한 닭발, 그에 어울리는 소주잔이 오고간다. 예정된 만남이 아닌 즉흥적으로 만난 친구들이다.

친구가 운영하는 닭발 집은 우리들의 생각을 모아놓는 정거장이다. 간이역 같은 정거장에서 시간 가는 줄 모르고 정지되어 있다. 그렇게 있다 보면 자주 만나서 묵은 김치처럼 깊은 정을 풍겨내는 친구도 보고, 드문드문 만나도 멋을 느끼게 하는 친구도 본다. 시간이 겨울로 빠져들수록 둠벙에서 물장구치며 함께 놀았던 때를 연상하게 한다.

그러나 친구들이나 형제들 간에도 여러 말을 하다보면 생각이 달라진다. 누구의 잘못은 없는데 그 안에는 분명 잘못이 있을 때가 있다. 한자리에 앉아 공동의 대화를 나눠도 마음이 갈라져 토라질 때가 있다. 고등어처럼 비린 맛을 풍기거나 느끼한 맛을 내는 사람이 있다. 묵은 김치의

진 맛을 어찌 고등어가 알 수 있을까. 하지만 고등어도 묵은 김치도 혼자일 때보다 둘이 합했을 때가 부드럽고 담백한 맛을 낼 수 있다는 것쯤은 알고 있을 것이다. 그러고 보면 묵은 김치처럼 묵묵히 참아낼 줄 아는 진국 같은 사람과, 겉절이처럼 싱싱한 맛을 냈다가 순식간에 사라지는 사람이 있다. 묵은 김치처럼 깊은 맛이 담겨있는 매력적인 사람이 있는가 하면, 겉절이처럼 순간을 자극하는 산뜻한 매력을 가진 사람도 있다.

그랬다. 묵은 김치는 가만히 있었다. 다만 고등어가 묵은 김치 속에 들어와 자신의 비린 맛을 없애려고 발버둥친 것이다. 그래서 만났을 뿐이다. 묵은 김치는 고등어의 아픔을 알아챘기에 그가 고민하는 비린 맛을 없애 주려고 제 한 몸 잘라내었다. 섭씨 몇백 도가 넘는 냄비 속에 들어가는 고열까지 견뎌내었다.

사람들도 마찬가지다. 묵은 김치처럼 만날수록 감칠맛 나는 사람이 있는가 하면 고등어처럼 비린 맛을 내는 사람이 있다. 내 주위만 봐도 그렇다. 많은 사람들이 있지만 좋은 사람만 있는 게 아니다. 속마음을 알 수 없는 게 사람이라서 별일 아닌 것으로 마음 다치게 하는 일들이 비일비재 일어난다. 천사의 얼굴에서도 비린 맛을 내는 사람이 있는가 하면 험상궂은 얼굴에서도 정갈한 맛을 풍기는 사람이 있다.

그러고 보면 고등어는 묵은 김치를 잘 만난 것 같다. 제 아무리 좋은 맛을 가졌다 해도 비린 맛을 제거할 수 없었을 테니까. 묵은 김치를 만난 순간 적어도 비린 맛을 없애는 행복을 얻었을 테니까. 묵은 김치를 만나지 않았다면 자신의 비린 맛을 모르고 살았을 테니까. 자신의 거만함도,

제 잘못을 인정하지도 않고 살아갔을 테니까.

어쩌면 우리들의 삶도 고등어와 묵은 김치가 만난 것처럼 살아가고 있는 건 아닌지 모른다. 어떤 사람을 어떤 관계로 만났느냐에 따라서 비린 맛을 낼 수도 감칠 맛을 낼 수도 있으니까. 살아온 환경이 각각 다른 길목에서 우연히 만난 사람으로부터 도움을 받을 때도 있지만, 늘 함께 했던 사람으로부터 상처를 받을 때가 있으니까. 상대방의 아픔을 내 아픔처럼 귀하게 여기는 사람이 있는가 하면 상대방의 아픔 따위는 생각조차 하지 않는 사람이 있으니까. 가는 길이 달라도 도움을 주는 사람이 있으니까.

오랜 세월 깊은 맛을 우려내는 사람이 옆에 있다면 묵은 김치와 고등어가 만난 것처럼 행복하리라. 적어도 얄팍한 맛으로 순간을 사로잡는 사람은 아닐 테니까.

(2008. 2. 5)

난

곱상한 그녀 집은 여기저기 편안함이 우표처럼 붙어있다. 정갈한 여인의 생활이 그대로 드러난다. 깔끔하게 정돈된 분위기에 맞게 탐스러운 난들이 넓은 베란다 절반을 차지하고 있다. 고만고만한 게 한 가지 종류처럼 보이지만 각자 다른 이름이 있다. 난에 대한 지식이 없는 나는 시골 뒷산에서 흔히 보던 춘란으로만 보인다.

난 진열대 위에는 곧 시들어버릴 것 같은 난들도 있는데 제각각 번듯한 집을 하나씩 차지하고 있다. 화분 하나에도 쭉쭉 뻗어 올라가는 승승장구한 난이 있는가 하면 인생을 다 살아온 듯한 황혼의 난도 있다. 한 포기 안에 오동통한 줄기가 있는가 하면 가느다란 줄기로 겨우 목숨 이어가는 것도 있다. 어디 그 뿐인가, 누렇게 물들어 축 처진 잎을 보면 추하다기보다 애처롭게 보인다. 성미 급한 사람이면 벌써 뽑아버렸을 것 같은데 그녀에게는 모두가 다 소중한 모양이다. 난의 가치를 떠나서 난의 아름다움을 떠나서 난을 사랑하는 여인의 마음을 알 것 같았다.

저렇게 아름다운 난들도 사람들 눈에 뜨이지 않았다면 한 포기의 볼품 없는 풀에 불과하겠지. 그러나 누군가의 눈에 띄었기에 집 안으로 들어와 융숭한 대접을 받고 있지 않은가. 하찮은 나무가 어느 날 갑자기 후한 대접을 받듯이 사람도 마찬가지다. 내가 잘해서 분에 넘치는 대접을 받기도 하지만 그렇지 않은 일들도 있다. 노인은 노인다워야 제대로 된 대접을 받고, 어린이는 어린이다워야 귀여움을 받는다. 한마디로 어떤 대접을 받느냐는 사람이나 식물이나 제 역할을 잘 할 때이다. 반면에 제자리를 잃으면 추해지고 설 곳이 없다.

탁자 위에는 앙증맞은 유리주전자 안에서 보이차가 점점 진하게 우러난다. 한 모금 마실 정도의 찻잔에 살포시 따라 음미하는 것도 난의 향기만큼 고상하다. 창밖에는 하얀 송이가 메밀꽃을 연상하듯 가볍게 날아다닌다. 앙상한 나뭇가지 사이로 어쩌면 그렇게 재빠르게 피해 가는지 릴레이 선수가 따로 없다. 저렇게 움직이는 눈을 반갑게 맞이하는 나무. 그 나뭇가지도 흰 눈이 걸터앉으므로 많은 눈길을 끌지 않았던가. 앙상한 가지가 안쓰럽게만 보이다가도 곱상하게 생을 마감하는 백발의 노인처럼 힘들어 보인다. 그런데도 허리 구부리고 있는 나무는 그 자리 지키려고 쌩쌩하게 서 있다.

그녀는 가족의 사랑을 난에 빼앗겼다고만 생각했는데 남편이 속해 있는 난 동우회 모임에 갔다 온 후에야 마음이 바뀌었다고 한다. 그곳에 모인 여인들의 절반은 남편 사랑을 난에게 빼앗겼다고 믿는 사람들이다. 그 외로움을 남편들이 알아나 줄까. 일행 중 한 여인은 남편이 출장을 가면서 난을 잘 보살피라는 말에 심통이 났다고 했다. 날은 추워지고 따뜻하게 해 주라는 말이 생각나서 뜨거운 물을 한 바가지 부어 줬더니 애지중지 키우던 난들이 다 죽었다며 웃음을 짓는다.

그녀가 그와 비슷한 일들을 수시로 만든 건 남편 사랑을 난에게 빼앗겼다고 생각하기 때문이다. 그렇게라도 해서 마음을 풀고 나면 속이 시원했다는데 그런 남편이 입원을 하게 되었다. 병원비가 만만치 않아서 고민을 하고 있는데 병석에 누워 있던 남편이 난 진열대 몇 번째 어느 난을 들고 소개해 주는 화원으로 가라고 했다는 것이다. 그녀는 화분을 들고 찾아간 가게에서 봉투를 하나 주더란다. 성급히 병원으로 돌아와 확인해 보니 병원비를 지불하고도 남을 큰돈이 들어 있었다는 것이다. 그제서야 난의 가치를 소중하게 다루는 그녀는 난에 대한 애착이 대단하단다.

한 포기의 생명이 주는 소중함을 어찌 다 알고 살까. 가까이 있어서 모르고 사는 일들이, 관심이 없어서 모르고 사는 일들이 주변에 널려있는데…. 그녀가 난을 좋아하게 된 것이 높은 가격 때문만은 아닐 것이다. 가장의 사랑을 확인했기 때문일 것이다. 그녀 집에는 서양란이 없다. 이파리가 비슷비슷하고 고만고만한 동양란만 올망졸망 모아놓았다. 두 대의 꽃 크기와 모양 등을 엿볼 때 환상적으로 기화된 작품이라 해서 기화란 이름의 대훈위가 있고, 그밖에도 홍화(무명), 주금소심(채빈), 복륜소심(송죽), 색설화(에밀레), 중투화(무명), 복생중투화(태극선), 환엽성호반(사계), 복륜소심(화백소), 복색화(신비), 색설자화(자복), 원판소심(선광화)

등 다양한 이름이 있다.

난은 꽃의 생김새와 줄기의 특성을 살피어 나름대로의 이름을 짓는다고 한다. 그녀는 난에 빠진 남편이 미웠는데 그 속에 빠져드는 이유를 알겠다고 한다. 사람이든 식물이든 사랑이란 단어를 개입하는 데에는 나름대로의 개성이 있을 것이다. 그러므로 긴 세월 아픔도 걸치고 정도 들여야 한다.

(2009. 12. 5)

만손초

배추 이파리 같은 선인장 한 그루를 얻어왔다. 양지바른 베란다에는 새 식구를 맞이할 꽃나무들이 빼곡히 들어서 있다.

꽃나무를 좋아하는 나는 어려서부터 꽃나무만 보면 욕심을 부렸다. 친정집 담장 안팎에는 여러 종류의 꽃나무들이 있었다. 채송화나 봉숭아, 맨드라미 등은 씨앗을 받아두지 않아도 이듬해 봄이면 그 자리에서 싹이 튼다. 그러나 나는 손수 심어보고 싶어서 꽃씨를 받아두었다. 그리고 이듬해 봄이 되면 꽃씨를 뿌려놓고 싹이 트는 모습을 관찰하였다. 꽃밭을 일구다보면 송곳 같은 싹도, 참새 날개 같은 싹도 돋아난다. 메마른 땅을 헤집고 나오는 걸 보면서 어떤 꽃나무인지 대충 기억한다. 달리아, 함박꽃, 난초 등이 새봄을 알리곤 했다.

그런데 이 작은 배춧잎 같은 선인장은 모르겠다. 내게 준 그녀도 잘 모른다고 하였다. 바쁘게 살다보니 키울 생각만 했지 이름을 알려고 하지 않았나보다. 그런데 이게 웬일인가. 이파리를 본 나는 혼비백산하여 식구들을 불러 모았다. 화려한 속옷을 보는 듯이 이파리 전체를 레이스로 치장하고 있었다. 화려한 레이스를 달아 놓은 것 같아 볼수록 우아하다.

식물의 묘기 앞에서 며칠을 서성이는데 작은 잎 하나가 뚝 떨어졌다. 내 살점이 달아나는 것 같아 자세히 들여다보았다. 하얀 실뿌리가 있는 걸로 보아 선인장의 분신 같았다. 엄마 품에서 하나 둘 떨어진 아기 잎들은 제자리를 잡아 잘 자라고 있다.

손 댈 필요 없이 스스로 크는 걸 보니 60년대 농촌아이들을 보는 것 같다. 엄마 손이 미치지 않아도 제 할 일을 했던 아이들은 들일도, 공부도, 집안일도 도와 가며 바지런히 움직였다. 과외도 학원도 의지할 곳 하나 없어도 당당하게 자랐다. 교복도 책도 참고서까지 물려받으며 아기 선인장처럼 제 살아갈 길을 스스로 헤쳐 나갔다.

물을 주는 날이면 싱싱한 웃음 지으며 윤기를 반지르르 흘러내렸다. 개구쟁이 아이들 몰떼기를 보는 듯하다. 콧물을 반질반질 묻혀 놓고도 신이 나서 뛰어놀던 아이들 같다. 흙과 어울려 놀던 아이들은 거무스름한 게 늘 건강미가 흘러넘쳤다. 이름 모를 선인장도 햇빛을 받아서인지 불그스름하게 변했다. 생명력도 번식력도 강해서 여러 자손 번지는 건 순식간이다. 꽃을 좋아하는 친정어머니가 생각나서 빈 화분에 몇 개 심어 놓고 나머지는 큰 화분의 공간에 꽂아 두었다.

봄부터 겨울까지 베란다를 지키던 선인장은 긴 대를 추켜세웠다. 그 당당함을 지켜보고 싶다. 열대성 식물이라 들여다 놓을까도 했지만 워낙

번식이 강하여 들여올 수가 없었다. 그래서 때때로 베란다로 나가서 물을 주며 눈웃음만 지었다.

사랑을 많이 받은 사람이 마음도 따듯한 것처럼 사랑을 많이 받고 자란 꽃나무는 꽃 피우는 일을 외면하지 않는다. 이름 모를 선인장에 잔디씨만한 꽃 몽우리가 몽글몽글 달려있다. 꽃 볼 생각에 들떠있던 나는 달포가량을 속만 태웠다. 만날 수 없는 첫사랑을 그리듯이 기다렸다. 선인장은 내 인내심을 테스트라도 하는 것처럼 쑥쑥 자라지도 꽃을 피우지도 않았다. 몽우리가 생기면 꽃을 피워야 하는데 그게 다 핀 건지 아닌지 알 수가 없었다.

그렇게 내 속을 태우더니 나팔모양의 꽃모양을 서서히 드러냈다. 연둣빛 바탕에 수술 끄트머리에 보라색 점 하나를 콕 찍어 놓은 꽃. 야들야들한 여인의 몸매 같기도 하고 작은 바나나 같기도 하다. 고개를 푹 숙인 채 일어설 줄 모르는 걸 보니 수줍은 모양이다. 함초롬하게 매달려 있는 꽃들은 새색시를 보는 듯 화사하다. 베란다 가득 초롱불을 달아 놓은 것처럼 환하게 밝혀있다.

고생한 사람이 살만 하면 어려움을 당하는 것처럼 어렵게 핀 꽃이라서 쉽게 사그라질 줄 알았다. 그러나 한 달이 가고 두 달이 지나도 모조품을 달아놓은 것처럼 그대로 있다. 여러 자손 성공을 시켜 놓은 사람을 보는 것 같아 마음까지 흡족하다.

선인장의 아름다움에 반하여 인터넷 검색창을 열었다. 다육질의 초본성 온실 관엽, 식물로 원산지는 마다가스카드, 열대아시아, 아프리카,

아메리카, 오스트레일리아에서 자라는 만손초 라고 나왔다. 외래어 이름으로는 캘렌쵸이, 켈린쵸이, 이름까지 알고 보니 더 고풍스럽다.

만손초는 열대지방에서 우리나라로 이민을 온 것 같다. 농촌 아이들이 서울로 유학을 온 것처럼. 그래서 그렇게 화사한 꽃을 피웠나보다. 화려했던 잎이 다 떨어지면서 아름다운 꽃으로 선보인다. 쉽게 피었다가 쉽게 사라지지 않는 꽃은 오랜 시간 피어있을 모양이다. 변함없는 사람처럼 아름다운 마음을 갖고 있는 것 같다. 꼿꼿한 마음으로 고생해서 올라온 자리인 만큼 빛이 난다.

우연히 얻어온 만손초에서 어린 시절 힘들게 보낸 친구들의 모습을 그려본다. 상급학교에 진학할 수 없는 형편에서 독학으로 공부하며 일과 수업을 게을리 하지 않은 친구들이다. 농촌 생활의 형편에서 대학이란 단어는 꿈꾸기조차 어려운 일이었다. 그러나 배움에 대한 열정 하나로 밤낮을 가리지 않고 공부하여 장학금을 받아가며 공부한 친구들이다. 그들은 사업가로 식상인으로 자영업 등으로 사회 곳곳에 진출하여 번듯하게 서 있다.

나와 한 자리에 앉았던 친구가 유독 학용품을 나눠 주었을 때, 나는 그 친구가 부자인 줄 알았다. 자신이 갖고 있던 연필, 지우개, 크레파스를 곧잘 주었고 늘 넉넉했으니까. 그땐 왜 그렇게 많은 학용품을 내게 주었는지 모른다. 그러나 그 시절이 지난 지금 그 연유를 물었더니 친구는 방긋이 웃으며 뜻밖의 말을 하여 내 마음이 아팠다. 끼니가 없어서 농사짓는 친구 집에 놀러가 논일 거들고 쌀밥 한 그릇 얻어먹는 게 삶의 낙이었다고 한다. 친구는 대학은커녕 고등학교에 대한 꿈이 희미해지면서 기계공고로 진학의 문을 열었고 장학금과 함께 기숙사비용까지 지원받아 어머니께 드렸다고 한다. 그 후, 서울에서도 알아주는 공대생이 되어 4년 내내 장학금을 받아 무사히 수업을 마쳤다고 한다. 친구의 성실함은 현 가정에서도 직장에서도 인정을 받고 있었다.

꿈이 있는 곳에 희망이 있다. 친구의 성공은 만손초가 무성한 이파리다 말려가면서 뿌리에 있는 수분까지 꽃들에게 보내는 것처럼 그렇게 살아왔다. 자신을 희생하여 가정을 돕고 제 꿈을 이룬 친구였다. 이파리는 누렇게 변해있어도 화사한 꽃을 피우고 있는 만손초는 60년대의 농촌 아이들이었다. 그 아름다운 모습에서 보릿고개를 살아온 친구들 모습을 보는 것 같아 자꾸만 눈길이 머문다.

(2008. 3. 14)

일찍 피는 꽃

가로등 옆을 막 지나가는데 '벚꽃이다.'하는 소리가 들린다. 거짓말 같아서 바라보지 않으려다가 호기심이 생겨서 나뭇가지 끄트머리로 눈길을 돌려본다. 그런데 이게 웬일인가. 앙상한 나뭇가지에 하얀 꽃송이 몇 개가 사르르 떨고 있다. 아직은 필 때가 아닌 듯싶어 고개를 갸우뚱거린다. 반갑다는 표현보다 안쓰러운 마음 앞선다. 이 추위에 어쩌려고 벌써 피었을까. 아직은 꽃샘바람이 수자례 지나갈 텐데. 그 거센 바람을 견뎌낼 수 있을까 싶다. 그 사이 나는 혼잣말로 중얼거린다. 혹, 저 꽃도 집을 나온 미아일까?

어느 시인의 말에 의하면 성급히 핀 벚꽃을 보면 길 잃은 미아 같다고 하고. 또 다른 시인은 해님의 사랑을 너무 많이 받아서 활짝 웃고 있다고 표현했다. 순간 나도 성급히 핀 꽃들이 엄마 잃은 미아처럼 보였다. 해님의 사랑을 듬뿍 받아 웃고 있는 것이라고는 생각할 시기가 아니다. 며칠만 더 참았다 피었으면 좋았을 걸 싶다.

내가 사는 근교에서 초등학생 납치사건이 일어난 지 불과 3개월 전이다. 크리스마스이브 날, 두 아이가 사라졌는데 하늘로 솟았는지 땅으로 들어갔는지 아무런 흔적이 없다. 원한 관계도 금품을 요구하는 것도 아닌 모양이다. TV만 켜면 아이들 찾는 내용이 주가 되고 거리마다 걸려있는 현수막은 칼바람에도 아랑곳하지 않고 팔랑인다. 초등학교 아이들 가슴에는 그 아이들에 대한 안전을 기원하기 위하여 노란 리본을 달았다.

그렇게 속수무책으로 3개월을 보낸 뒤, 실낱 같은 소식이 전해왔다. 반가워야 할 소식에 숨통까지 조이는 것은 충격 그 자체였다. 따뜻하게 맞이할 봄을 다시금 얼어붙게 하는 것은 두 아이 중 한 아이가 싸늘한 얼음조각으로 나타났기 때문이다. 뉴스로 접하는 마음도 오금이 떨리는데 그의 부모마음은 오죽했을까. 아이를 해코지한 범인이 잡히고 이어서 나머지 아이가 발견된 곳은 근교에 있는 하천이다. 흔적도 알아볼 수 없을 만큼 부패된 상태라서 DNA를 검사해야만 밝혀낼 수 있는 아이 앞에 정신 놓았을 어머니를 생각하니 가슴이 아리다.

두 아이들은 자신의 꿈을 펼쳐보기도 전에 그렇게 떠나야 했다. 8년과 10년, 그 깜냥의 시간으로 마감할 줄 누가 알았을까. 지하 전세금을 다 털어야만 3천만 원이 주어지는데 그 돈으로 아이를 찾는데 다 내놓았던 어머니. 사회를 그토록 떠들썩하게 했건만 언론에는 나타나지 않았던 어머니이다. 언젠가 딸이 돌아오면 엄마 얼굴 알아보고 좋지 않은 영향이 미칠까봐 피했다는데 그 당연함 앞에 가슴이 뭉클해진다. 그 날 이후, 그 집 식구들은 두문불출하고 이웃과의 만남도 피한다고 한다.

그 아이들과 한 동네서 살던 내 친구의 아들은 올해 일학년에 입학을 했다. 유치원에서 갓 벗어난 아이는 학교란 단체가 어떤 곳인지 파악하기도 전에 뜻하지 않은 일을 겪은 것이다. 마음 부풀어 있어야할 시간에 어수선한 학교생활을 한 아이는 아무것도 모르고 장례식을 치렀다. 학교에서 돌아온 아이는 "엄마, 우리 학교에 분명 슬픈 일이 있는 것 같은데 나는 왜 눈물이 나오지 않지?" 라고 했다는 것이다.

아이가 본 건 정확한 표현이다. 눈물이 나오지 않는다는 것도 당연한 일이다. 그랬다. 그 아이의 표현대로 분명 슬픈 건 사실이다. 다만 그 아이에게 닥친 일이 아니었기에 슬프지 않은 것이다. 이런 순수함을 빼앗는다는 게 기막힌 일이다. 친구는 더 이상의 말을 하지 않았지만 집안 분위기가 어땠는지 알 것 같다. 운동장 주변에는 경찰차가 번쩍이고 낯선 방송국 차와 영구차가 떡하니 자리를 잡고 있었을 학교. 이곳저곳에서 흐느끼는 소리, 상급생들의 눈물 훔치는 모습에서 1학년 아이가 어찌 감당하였을까.

한 해 평균 길을 잃은 아이들은 팔천여 명이나 된다고 한다. 일부는 부모님 품으로 돌아가지만 그렇지 못한 아이들도 수없이 많다. 오늘도 길을 잃고 헤매는 미아들은 여전히 나타나고 있다. 그 시인의 표현대로라면 계절에 앞서 피어나는 꽃들도 길 잃은 미아인지 모르겠다. 그래서인지 서둘러 핀 꽃들이 반갑게만 보이지 않는다.

사람이든 꽃이든 남보다 튀지 않고 조용히 사는 게 좋은 것 같다. 적절한 선에서 있는 듯 없는 듯 살아야 사랑을 받는 모양이다.

(2008. 3. 20)

생강차

자줏빛 생강차를 한 잔 두 잔 마시다 보면 은은하면서도 상큼한 향기가 입 안을 채운다.

생강의 매운 맛은 위 점막을 자극하여 위액의 분비를 촉진시키기 때문에 소화기능에 도움이 된다. 감기로 인한 발열에 혈액 순환과 체온을 증강시키는 생강차는 땀이 나고 속을 따뜻하게 해주므로 복통, 설사, 곽란 등에 달여 마시면 좋은 효과가 있다. 단순하게 한 잔의 차에 불과하지 않고 관절염이나 류머티즘의 통증을 완화하는데도 큰 도움을 준다는 생강차를 좋아하는 것은 그 맛과 향기에 취하기 때문이다.

정약용의 '다산방'에서는 중풍에도 생강차를 먹으라고 했다. 어디 그뿐인가. 본초학자 이시진도 신경통, 관절염, 동상 등에 생강즙이나 생강탕을 뜨겁게 하여 마시면 효과가 있다고 했다. 생강은 흩어지게 하는 성질이 있기에 각종 처방에 넣으면 빠른 전달효과와 해독효과도 있다. 또 생강즙을 짜서 하루 2~3회씩 두피에 바르거나 문지르면 원형탈모에도 효과가 있으며 개에 물렸을 때 생강즙을 마시면 독이 풀린다고 한다. 이처럼 여러 가지 효과가 있지만 지나치게 복용하면 오히려 해롭다는 생강차는 유년을 함께 보낸 친구와도 같다.

독한 향을 가졌을지라도 한데 어우러지면 고운 빛과 향기를 내는 친구가 있고, 향기로운 향을 갖고도 어우러지지 못하는 친구가 있지 않은가. 생강차 속에 들어간 갖가지의 재료들이 한데 어우러져서 맛깔스런 향기를 내는 것처럼. 만나면 만날수록 더 만나고 싶은 친구가 있고 간간이 만나도 정 나누고 싶지 않은 친구가 있다. 어우러질수록 은은한 향기를 내는 친구를 만나면 마실수록 더 마시고 싶은 생강차 같이 느껴진다. 아무런 이유 없이 무작정 만나고 싶고 그리워지는 친구 말이다.

생강차를 끓이는데도 정성이 들어가야 좋은 맛을 낼 수 있다. 급하게 끓이거나 들어갈 재료가 부족하면 제 맛이 나지 않는다. 생강의 향은 껍데기에서 진하게 나오기 때문에 벗기지 않는다. 계피, 대추, 오가피 등을 적당량의 물에 넣고 오랫동안 끓인다. 적절하게 배합된 갖가지 재료들이 몇 시간을 거친 뒤에야 맛 좋게 우러난다. 완성된 한 잔의 생강차를 마시다 보면 친구들의 모습이 새록새록 떠오른다. 때로는 진한 향기처럼, 때로는 은은한 향신료처럼 아련한 그리움이 머물러 있다.

생강의 양이 넉넉하게 들어가면 톡하고 쏘는 맛에 첫 입이 멈칫하지만 적당한 양이 들어가면 온 몸이 시원해진다. 매콤하면서도 향긋하고 달콤하면서도 톡 쏘는 맛에 컬컬한 목이 뻥 뚫린다. 피곤하거나 감기기운이 있을 때 따끈하게 데워서 한 잔 마시고 나면 온 몸에 생기가 돈다. 마치

보고 싶은 친구를 만난 것처럼. 그리던 친구를 만난 것처럼.

늦가을에 심어놓은, 생강은 겨울 한풍을 이겨내야만 튼튼한 알맹이를 맺는다. 홑이불같이 얇은 지푸라기만 덮고도 엄동설한을 견뎌낸다. 겨울, 봄, 여름, 가을을 지내는 동안 추위도 더위도 참아낸다. 동장군이 몰려오면 얼지 않으려고 땅속 깊숙이 파고들었을 것이고, 무더위가 기승을 부리는 날이면 푸른 잎 무성하게 돋우어 바람에 일렁였다. 그러면서도 땅 속 깊은 곳으로 들어가 옹닥옹닥 달라붙어 정들이고 있었나보다. 어둠 속에서도 서로의 길 막지 않고 터 준 우정이다. 고만고만하게 자리 잡으면서 옆에 있는 친구들 자리까지 배려하며 자랐을 것이다.

생강차를 냉장고에 가득 넣어두고 수시로 따라 마신다. 그 맛에는 친구의 마음과 냉정한 친구의 마음이 들어 있음을 느낀다. 내 손안에 쥐어진 찻잔 안에서 친구란 이미지가 은은한 향기와 함께 달콤한 맛으로 다가온다. 둥글게 둥글게 살아가는 여유로움을 보는 것 같다. 생강의 알맹이처럼 모난 구석 없이 사랑과 우정의 독특한 향기만 뿜어내는 것 같아 애착이 간다. 작은 생강조각이 꼭 들어갈 곳에만 들어가서 제 역할을 제대로 하는 걸 보면 정 많은 친구를 보는 것 같아 풍요롭다.

그러고 보면 자줏빛생강차는 아름다운 마음을 가진 친구였다. 독한 향을 가진 것 같으면서 부드러운 향으로 주변을 매혹시켰으니 말이다. 우리들 생활에 빠져서는 안 될 양념이자 건강 보조식품 같은 생강. 김치를 담그거나 돼지고기를 삶을 때 빠져서는 안되는 게 생강이다. 비린 생선이나 회를 먹을 때도 생강이 들어가야 비린내가 가시듯이 친구와 친구

사이도 그렇지 않은가. 살다보면 향신료 같은 친구가 있는가 하면 독이 되는 친구도 있지만 그래도 친구를 그리며 산다.

오랫동안 우려낸 생강차처럼 긴 세월에 거쳐 함께한 친구들을 보면 그 눈빛만 봐도 마음을 읽어낸다. 멀리 있어 모르는 게 많고, 가까이 있어 아는 게 많은 것 같지만, 생강차의 빛깔이 고와야만 좋은 맛을 내는 게 아니다. 친구라고 해서 다 고운 빛깔만 내는 게 아니듯이 향기가 난다고 해서 다 좋은 게 아니다. 어떤 향을 갖고 어떤 빛깔로 비춰지느냐에 따라 생강차의 맛이 다르듯이 친구들도 그렇다. 내면의 빛에서 다가오는 무향의 향기가 그리움의 각도를 크게 차지하듯이.

(2009. 3. 16)

여자가 남자보다 많아서 아름다운 것

십여 명의 일행이 식당으로 들어갔다. 내 앞 자리에는 목사님이 계셨는데 뜬금없는 질문을 한다. "여자가 남자보다 많아서 아름다운 게 뭐지요?" 쉽게 농담할 분도 아니지만 내가 알고 있는 답을 말할 수 없는 자리다. 그러나 이틀에 거쳐 문학 답사를 한 인연으로 조금은 낯설지 않아서 "그거요?" 하고 아는 척을 했다. 하지만 도저히 입밖으로 내놓을 수 없는 말이라 이러지도 저러지도 못하고 있는데 자꾸만 재촉을 한다.

작은아들이 초등학교 1학년 때였다. 세계화니 여성상위시대니라는 주장이 언론에 보도되면서 성문화까지 개방되어 사회적으로 우려되는 시기였다. 학교에서는 성교육이 필수였고, 늦은 시각 티브이를 켜면 구성진 목소리의 구성애가 안방을 낯꽃으로 만들었던 때다. 그 무렵 학교에서 돌아온 아이가 뜬금없이 한 질문이다.

"엄마, 남자는 구멍이 아홉 개이고 여자는 열 개래. 눈, 코, 귀 각각 두 개에다 입. 그리고 대변, 소변보는 곳 하나씩, 그래서 아홉 개이고 여자는 아이가 나오는 문이 하나 더 있어서 열 개래. 엄마도 아이가 나오는 문이 있어?”

“그럼 당연히 있지. 그래서 이렇게 예쁜 아들이 그 문으로 쏘옥 나왔잖아.”

짓궂은 아들이 그냥 넘어갈 일이 아니다. 나를 빤히 바라보더니 그 말을 기다렸다는 듯 그럼 한번 보여 달라고 한다. 순간 당황한 나는 이 기막힌 일을 서둘러 수습을 해야 했다. 생쥐도 코너에 몰리면 이겨낼 길을 찾는다는데 엄마인 내가 도망칠 길이 없을까 싶어 당당하게 말했다.

“아들아, 어떡하지? 학교에서 배운 대로 아이가 나올 때만 열리는 문이라서 지금 봐야 소용없는데 닫혀 있거든. 그래도 볼래?”

이렇게 태연하게 말은 했지만 가슴은 쿵쿵 뛰었다. 아들과의 약속을 어길 수도 그렇다고 보여줄 수도 없는 일 아닌가. 이 녀석, 나름대로 긴장하고 있는데 고개를 갸우뚱하더니 안 봐도 된다면서 밖으로 나갔다. 등에는 식은땀이 흘러내리고 안도의 한숨과 함께 하늘이 노랬다.

지금도 가끔 그 날을 떠올리면 나도 모르게 벙싯 웃음이 나온다. 그러니 어찌 그 말을 목사님께 할 수 있을까. 더 이상의 말문을 열지 못한 채 고개만 푹 숙이고 있었다.

식전 음식으로 노릇노릇하게 구워진 감자전과 메밀전병이 식탁에 올라왔다. 그런데도 목사님 눈초리는 내게 집중되어 있다. 빨리 답을 말해보라는 표정이다. 이럴 줄 알았으면 차라리 모른다고나 할 걸. 나는 궁지에 몰린 쥐처럼 더 이상 피할 길이 없게 되자 뻔뻔해지기로 마음먹었지만 입가에 맴도는 엷은 미소는 떠나지 않는다. 그렇게 침묵을 지키다가 아들과의 대화 내용을 과감하게 꺼냈다. 목사님은 신비로운 답을 얻었다는 듯 그럴 수도 있다며 곧 조용히 입을 떼었다.

"여자가 남자보다 많아서 아름다운 것, 그건 지방이랍니다." 잔뜩 기대하고 있던 일행들도 어이가 없다는 듯 서로를 바라보았다. 아무튼 내 속은 시원했다.

그러고 보니 자유의 여인상 비너스도, 모나리자도 풍만한 가슴과 살찐 둔부가 특징이다. 모계 씨족사회에서 여성의 위엄을 나타낸 것이라고 한다. 또 여성 생식기 숭배와 온유함, 성숙한 여성에 대한 갈망의 표현이라고도 한다. 특히 여성의 풍만한 유방은 인류문명이 발달하면서 단순한 수유기관이 아닌 여성의 미적 상징으로까지 되었으니 여성의 아름다움이 지방이라 해도 과언은 아닌 듯싶다.

그리고 프랑스 대혁명시기에는 '민중을 이끄는 자유의 여신이' 유방을 드러내므로 민중을 승리로 이끌었다고 한다. 벌거벗은 유방은 공격적인 저항과 공화국을 상징한 것이다. 그러므로 절대왕정을 무너뜨리고 대의정치를 실행시키는 민주화의 시발점이 되었다. 그 이후 여성들은 자신의 유방을 노출시키면서 일종의 정치적인 의사를 표현하기도 하고, 자신을 둘러싸고 있는 굴레에서 벗어나고픈 욕망을 표출하기도 한다는 것이다.

심리학자나 정신분석학자들의 이론에서도 거론되듯이 어머니의 유방은 최초의 성적 충동을 만족시키는 대상이라고 정의했다. 태초의 여성 조각 형상을 보면 풍만하고 큰 유방, 복부, 둔부가 과장되게 표현되지 않았던가. 목사님과 아들의 질문이 같은 답은 아니지만, 여성의 아름다움! 그것은 지방일 수도, 아이가 나오는 문이 될 수도 있는 것처럼 말이다.

(2009. 11. 26)

이색 근조문

제주에 갔다. 같이 간 일행들이 흥겨워 할 즈음 서울에서 전화가 왔다. 끼니때만 되면 시아버님 식사 차려드렸냐는 내용이다. 초승달 같은 눈매 끄트머리로 자글자글하게 이어진 주름이 아름다운 그녀는 걱정하지 말라며 강낭콩 같은 치아를 몽땅 다 드러내놓는다.

3박 4일 간의 짧은 여행, 수시로 걸려오는 전화에 짜증도 날만 하다. 행복한 분위기 망치려고 하면 위트 있게 받아 넘기는 것은 여전히 그녀다운 행동이다. 여행이란 같이 간 일행이 함께 즐거워야 행복하다. 이미 집을 나선 몸이고 사전에 예약된 자리이다. 그런 올케의 일정을 출가한 시누이가 일일이 신경 쓸 일은 아니었다. 친정아버지가 걱정되면 자신이 와서 돌봐드려도 될 일이니까. 먼 거리에 있는 것도 아니라는데…. 하긴 그런 잔소리라도 해야 시누이다운 것을 며느리 입장에선 이해를 한다.

시누이 넷에 외며느리인 그는 십여 년을 그렇게 살았다고 했다. 이제는 누가 무슨 말을 해도 한 귀로 듣고 한 귀로 흘려보내는 노련함을 터득

하여 한 가정의 버팀목이 되어있다. 가냘픈 몸이지만 태풍에도 흔들리지 않을 것 같은 그녀. 게다가 화통한 성격에 누구를 만나더라도 어색하지 않은 자리 만드는 재주까지 지녔으니 시누이의 트집 정도는 응석으로 받아들인다. 집안이 편안하려면 마음을 비워야 한다는 걸 그녀는 알고 있기 때문이다. 그러니 구면이든 초면이든 남녀 구분 없이 술술 건네는 말, 짓궂은 농담에도 쉽게 넘기는 여유로움까지 가졌다. 그렇다고 교양이 없는 것도 아니고 내숭 떨지 못하는 성격이 그녀의 매력이다.

그녀는 작은 꿈 하나 알처럼 품고 있었다. 붓글씨를 배워서 국전에 나가는 아주 소박한 꿈을. 몇 년을 품고 있던 알이 금이 갔다. 시아버님이 중풍으로 쓰러지면서 빛을 보지 못한 꿈은 어둠 속에서 곯아야 했다. 아버님 돌보는 일에 저당 잡힌 젊음이었다. 운명이 예약되지 않은 만큼 병도 기한이 없다. 천방지축 아이가 되어버린 아버님 뒤를 따라다니며 십여 년을 보낸 시간 속에 자신이 꿈꾸던 생활은 썰물처럼 사라졌다. 그래도 그녀 얼굴에는 그늘 하나 없이 청명하다.

들꽃처럼 가녀린 그녀는 지친 몸 교대할 동서도 없고, 걸핏하면 트집 잡는 시누이만 몇 명 있었으니 마음 놓고 하소연할 사람이 있었을까. 그런 환경에 적응하며 질경이 같은 삶을 살 수밖에. 사람이든 미물이든 환경에 의해서 강해지기도 약해지기도 한다지만 자신의 사고가 무엇보다 중요하지 않을까. 우리는 1년에 한두 번 남편 회사 동료들과 부부모임에 참석하여 친해진 사이이다. 그때마다 내 옆자리에 앉아서 술 한 잔 제대로 못하는 나를 곤욕스럽게 했다. 얄궂은 직원들이 수시로 권하는 술을 주는 대로 받아 마시는 그녀는 분명 술꾼이었다. 40여 명이 모인 자리인 만큼 오고가는 잔도 만만치 않았다. 술자리가 무르익으면 모든 사람들 시선이 우리 쪽으로 모아진 것도 그녀가 만든 분위기였다. 사실은 술 한 잔 못하는 그녀가 일부러 즐거운 분위기 깨트리지 않으려고 노력하고 있었다.

한동안 그녀를 볼 수 없었다. 집안에 일이 있어 참석할 수 없다는 말만 전해 들었다. 그리고 강산이 한 번 변할 즈음 그녀와 함께 산행을 했다. 평지를 지나 오르막길을 걷는데 문득 제주에서의 일이 떠올랐다. 우리는 서로의 안부를 주고받으며 과거와 현재, 미래를 섞고 있었다. 그녀도 나도 큰며느리로서 시어른이 걱정되는 나이 탓이다. 겉으로는 힘들어 보였지만 그녀는 여전히 씩씩하다. 가끔 가슴속에 담아있는 응어리 토해내며 얼룩진 지난날을 내뱉었다. 아버님 돌아가시면 핏줄이라고 나설 사람이 몇 명 나타날지 모른다며 아버님의 바람 끼를 코믹하게 말한다.

그 뒤 몇 해 조용하다 싶더니 시아버님이 중풍으로 쓰러져 부자연스런 몸이 되어 계시단다. 겨우 움직일 정도가 되자 교통사고로 입원을 하는 등, 십여 년을 마음 편할 날 없었다고. 엎친데 겹친다고 미수가 가까워지면서 암 판정까지 받았으니 어떤 말로 위로가 되겠는가. 수술의 의미도 없고 방치해두면 하루하루 수명이 단축되는 병이라는데, 그러니 수술을 할 수도 안할 수도 없는 입장에서 답답한 모양이다.

그녀가 말했다. 이 지긋지긋한 굴레에서 벗어나 훨훨 날아보는 게 일생의 최대 목적이라고. 그리고 아버님 돌아가시면 '축 사망'이라는 근조를 달 것이라고. 그러나 그 어둔한 단어 속에 홀가분한 마음만 들어있을까. 진심 속에 농담이 있고 농담 속에 진심이 있다지만 진심만은 아닐 것이다. 어쩌면 가슴 한편에 남아있는 아버님에 대한 애틋함이 더 강하게 어리어 있을 것이다.

그녀의 효심은 천만 냥이라 해도 무리는 아닐 것이다. 그녀의 뒷모습을 상상해본다. 쇠뭉치 하나 들고 일어서지 못할 만큼 무거운 짐 내려놓을 때 마음 편안할까. 어쩌면 축 사망보다도 더 기막힌 아픔이 따를 것이다.

(2009. 7. 7)

우정이란

컴퍼스가 있어야만 제 모습을 드러내는 게 동그라미다. 초등학교 수학시간 원의 둘레를 재기 위해 원의 중심에서부터 3.14를 더하고 곱하여 답을 구하며 신경을 곤추세웠다. 마음대로 되지 않으면 죄 없는 컴퍼스만 이리 굴리고 저리 굴려서 한 눈금도 삐뚤어지지 않게 원을 그렸다.

그런 컴퍼스도 필요 없는 삶의 원을 만들기 위하여 친구들과 모임을 만들었다. 코흘리개 시절 벌거벗은 채 물속을 휘저으며 놀던 이야기도 서슴없이 하는 만남이다. 친형제 자매처럼 똘똘 뭉쳐진 만남에서 재스민 같은 향기를 느낀다. 한 송이의 꽃이 온 집안 분위기를 상큼하게 바꿔놓듯 개개인이 갖고 있는 향기도 색깔마다 고풍스럽다.

이십여 명의 모임이 동그랗게 모여진다는 것은 그리 쉬운 일은 아니다. 그러나 여러 친구들을 만나다보면 직선도 있고 네모나 세모처럼 각도 지련만 어찌 이리도 반듯할까. 원의 둘레를 구하라면 한 눈금도 어긋나지 않고 잘 맞춰질 것 같다.

친구란 단어를 갖고 악용하는 일도 수없이 많이 일어난다. 친구이기 때문에 거절하지 못하고 당하는 일이 한두 가지가 아니다. 작은 일이든 큰일이든 서로의 마음을 다치게 하는 일들도 수없이 본다. 그러나 여기 소개하려는 친구들의 마음은 곱기만 하다.

내가 다닌 중학교는 남녀공학이었다. 그래서 모임도 같이 한다. 졸업 후, 25년이 흐른 뒤 처음 만났을 땐 어색하고 낯설었다. 이름도 얼굴도 기억할 수 없는 친구들이었다. 3년을 같은 반 한 여자친구도 알아보기 힘든데 반이 다른 남자친구들은 누가 누구인지 알 수 없었다. 요즘 아이들처럼 화통한 성격도 아니고 수줍음이 많아서 고개도 제대로 들지 못하고 보낸 시절이었다. 그래서 누구도 나를 기억할 수 있는 친구는 없을 거라고 생각했다. 게다가 두 군데의 초등학교 출신이 한 군데의 중학교로 몰려 공부를 했다. 6년 내내 같은 반을 했거나 뭔가 뛰어난 친구는 기억이 되살아났지만 초등학교가 다른 친구들은 어렴풋이 떠오르는 얼굴과 그렇지 않은 친구들이었다. 한 친구의 이름과 얼굴이 겨우 낯익어 가면 또 다른 친구가 와서 아리송하게 했다. 그럴수록 우리는 만나고 또 만나면서 얼굴을 익히고 정을 붙였다.

모임이 있는 날이면 밤 깊어가는 줄 모르고 어릴 적 일들을 더듬기 바빴다. 친구의 이야기부터 선배들 얘기, 그리고 선생님들의 장단점을 들추다보면 웃음이 사라질 줄 모른다. 낯선 얼굴들도 어색하지 않게 술자리를 만들어 동그라미를 그리고 있다.

그렇게 만들어진 동그라미는 날이 갈수록 친근함을 주었다. 일상생활에 있어서 흔히 접하는 물건이 동그라미이듯 아무리 바라봐도 부담이 없다. 음식을 담아내는 그릇만 봐도 네모난 그릇에 담아 놓는 것보다 동그란 그릇에 담아내야 정감이 간다. 세상 이치가 이렇듯 동글동글한 마음을 가진 사람을 만나면 또 만나고 싶은 게 모든 사람들의 심리일 것이다. 친구들을 만나다보면 친구 일을 내 일처럼 생각하는 친구, 친구에게 힘든 일 생기면 함께 걱정하며 해결 할 줄 아는 친구, 그런 친구들과의 만남은 향기롭다.

며칠 전에는 친구 아버지 문상을 갔다. 평소 연락이 되는 친구들 중 서울 근교에 사는 친구는 빠지지 않고 참석을 한 것 같았다. 물론 고향 친구의 일이므로 당연한 일이다. 그러나 더 놀란 것은 남자 친구들의 애틋한 마음이었다. 친구가 아버지 상여 맬 사람이 없어 걱정하자 몇몇 친구들이 휴가를 내고 시골로 내려간다는 것이.

새벽에 안양에서 만나 충남 서천 판교로 간 것이다. 개인 사업을 하는 친구들과 공무원이어서 나름대로 바쁘게 사는 친구들이었다. 같은 성을 가진 친구도 아닌 여자 친구의 일을 내 일처럼 나서는 친구들을 보면서 친구란 단어를 다시 한 번 생각하게 한다. 휴가를 내면서까지 친구 일에 나서는 모습에서 우정의 의미를 새롭게 받아들인다. 카센터, 야채가게, 주유소 등을 운영하는 입장에서 하루 일과를 뺀다는 것은 어려운 일이다. 그럼에도 그들은 고향으로 내려갔다. 나는 그의 아내들이 더 대단하다고 여겨진다.

부부가 살면서 어느 한쪽이 이해하지 못하면 하고 싶은 일을 할 수 없다. 그러나 그들의 아내들은 남편이 하는 일을 막지 않았다. 동창들 모임에 나와 늦은 시각까지 귀가하지 않아도 이해해 주고, 친구가 부르면 수시로 만나 술자리를 가져도 이해하며 살아간다. 그러고 보면 그 모임에 나오는 친구들의 아내나 남편들은 우리들의 그 순수한 모임을 이미 감지한 모양이다.

서로 아끼고 사랑할 때 아름다운 만남이 되고 오래가는 법이다. 지구가 둥근 이유도 해와 달이 둥근 이유도 이제야 알 것 같다. 지구상에 존재하는 모든 것들이 원을 그리고 있듯이 우리들 모임도 동그라미를 이루어 가고 있었나 보다. 그 동그라미가 삐뚤어지지 않게 서로가 서로를 잡아주며 팽팽히 원꼴을 만드는 데에만 신경을 쓰고 있었나 보다. 우리가 만든 동그라미는 이제 어긋나지 않을 것이다. 더 동그랗게 꾸려가는 데에만 마음을 합칠 것이다. 컴퍼스도 필요 없다. 우리는 고향 친구이니까.

그 눈빛 속에는

내 꿈은 바람둥이다.

의사, 변호사, 간호사,

수시로 바뀌니까.

초등학교 1학년 아이가 쓴 '시'다. 글쓰기 지도를 하다보면 이처럼 뜻하지 않은 일로 당황할 때가 있다. 그 아이가 갖고 있는 생각을 어떻게 다 꺼내줄 수 있을지. 그 무한한 상상력을 어떤 방법으로 지도를 할지. 고민 아닌 고민에 빠진다.

첫 수업 이후, 생각했던 것보다 힘든 아이가 아니었음을 느낀다. 글을 쓰긴 했는데 질서가 잡히지 않았고 상상력은 풍부한데 표현력이 약했다. 사고는 뚜렷하지만 언어능력이 부족하고 책은 많이 읽었지만 정독을 하지 않았다. 아이라는 표현보다 애어른이란 표현이 어울려서 눈길을 떼지 않았다. 그 눈빛 속에는 자신감도 늘 따라다녔다.

글을 쓴다는 것은 아이든 어른이든 맑은 마음속에서 진솔함이 우러나는 것 같다. 고집이 강하면 강할수록 좋은 글을 쓰지 못한다. 그걸 알면서도 쉽게 바뀌지 않는 게 글을 쓰는 사람의 자세다. 그런 단점을 갖고도 자신만이 갖고 있는 아집 때문에 우연히 만난 신선함을 떨어뜨린다. 하물며 아이인들 이런 생각이 없으랴. 잘못된 점을 지적하는 날이면 왕방울 같은 눈에서 눈물을 뚝뚝 흘린다. 그 여린 감성이 안쓰러워 어깨를 토닥여 주면 언제 그랬냐는 듯 환한 웃음꽃을 피워낸다.

그 아이를 2년 반 정도 지도했다. 솔직하면서도 순수해서 작은 일에도 눈물을 글썽이던 아이다. 천방지축인 것 같지만 생각이 깊은 아이. 가슴 뭉클한 글을 발표라도 하는 날이면 눈가를 촉촉하게 적시던 아이. 함께하는 친구가 꾸중이라도 듣는 날이면 마음 아파 시무룩해지던 아이였다. 수업이 끝나고 나면 초롱초롱한 눈빛으로. 내 팔을 꼬옥 잡고 따라나섰다.

언젠가 수업도중 그랬다. 학예회 날 사회를 보게 되었는데 담임선생님께서는 엄마의 손이 거치지 않은 멘트를 써와야 한다고. 그래서 끙끙대며 써갔는데 많은 학부모를 웃겼다가 울렸다가 하여 교실안의 분위기를 산뜻하게 바꿔놨다고 한다. 학교 선생님은 아이들이 직접 쓴 글을 원했던 것이다. 글쓰기 종류의 숙제가 주어지면 아이들이 쓰는 게 아니라 어머니가 쓴다는 걸 알아챈 모양이다.

자신이 쓴 멘트를 갖고 발표를 하면서 어떤 생각을 하였을까. 비록 문장의 흐름이 매끄럽지 않아도 자신감 넘치는 하루였으리라. 간간이 멈칫

거리는 동안 웃음꽃이 새어나와 교실 안을 가득 채워놨겠지. 그 아이의 얼굴을 상상해본다. 그 맑은 표정을 떠올려 보면 노을 진 하늘처럼 붉게 물들어 있었을 수도, 노란 튤립처럼 곱게 피어났을지도 모른다. 신선한 언어들이 하나 둘 튀어 나와 가슴 뭉클했을 시간까지 떠오른다.

그 아이와의 인연은 짧았지만 긴 시간을 보내온 것처럼 오래오래 남아 있을 것 같다. 수업을 종강하던 날, 엄마 잃은 송아지처럼 떨어지기 싫어하던 모습이 아른거린다. 그 초롱초롱한 눈빛에서 금방이라도 맑은 진주알이 톡톡 쏟아져 내릴 것 같은 분위기였다. 말 한 마디 잘못하면 참았던 눈물을 왈칵 쏟아낼 것 같아 아무런 말도 하지 않았다. 티 없이 맑은 마음이 내 가슴속을 가득 차지하고 있음을 느끼면서도.

친구별

밤하늘을 바라보면
나와 나란히 서 있는
친구별 한 쌍이

낮에는 학원 가서 떨어지고
밤이 되면 밤하늘에 만나
오순도순 이야기한다

이민 간 친구 얼굴

보고 싶어

밤하늘을 바라보며

새록새록 기억한다.

그 아이가 이민 간 친구를 생각하며 쓴 친구별처럼 나 또한 내게 머문 인연이라면 놓치지 않으리라. 낚싯줄보다 가는 인연이라도 잡아 둘 것은 꼭 잡아둘 것이다. 그 눈빛 속에 머뭇거리는 마음을 읽어 낸 이상. 그 맑은 이슬 속에 남아있는 눈물을 알아낸 이상. 가슴 촉촉이 적시는 게 내 마음인 것을.

(2007. 11. 30)

제5부

아버지의 지게

아버지의 지게 | 입춘대길 | 문상問喪 | 안개꽃 | 균열

그리다만 횡단보도 | 별난 모자母子 | 야, 이놈아, 옷 벗어

아버지의 지게

단풍잎이 곱게 물들어 가는 오후 베란다로 나갔다. 먼 산이 나를 유혹한다. 맑고 고운 자연의 유혹이라면 마다할 이유가 없다. 친구를 불러내자.

'때르릉 때르릉….' 누군가가 먼저 전화를 걸어온다. 수화기를 들자 웃음소리와 함께 그녀의 목소리가 들려온다. 내가 걸려던 상대방이 신통하게도 먼저 전화를 한 것이다. 그런데 첫마디부터가 항의 조다. 바깥 날씨가 이렇게 좋은데 집안에서 뭐하느라 처박혀 있느냐고 야단이다. 사실은 그 말도 내가 먼저 하려던 것인데 그녀가 먼저 해버렸다.

여성들은 날씨가 좋으면 이에 반응하는 행동양식도 같아지나 보다. 우리 둘은 오이도행 전동열차 타기에 두말 없이 합의했다. 창작활동을 위한 글감 찾기라는 당당한 명분까지 붙인 오이도행이다. 목적지인 옥구공원 주변은 평일답게 한산했지만 바람에 흔들리는 억새밭의 은빛 물결이 국빈을 맞는 의장대 사열처럼 우리 일행을 환영해 주었다. 우리가 걸어가는 주차장 주변의 새빨간 단풍잎들이 붉은 카펫보다 몇 곱절 환상적이었다. 스페인 투우장의 황소가 붉은 색을 보면 흥분해서 날뛴다고 하는데, 우리도 단풍 빛깔에 흥분한 탓인지 한껏 기분이 들뜨고 있었다. 산 입구에 이르니 장승들이 서 있다. 눈을 부라리고 해학적인 천하대장군과 그보다는 덜 부라린 지하여장군이다.

장승들의 사열을 받으며 조금 올라가니 농기구들이 전시되어 있다. 먼지를 뽀얗게 뒤집어 쓴 낯익은 농기구들이 쌓여 있었다. 나는 아버지를 보는 것처럼 갑자기 가슴이 시려왔다. 반가움보다는 통증이 먼저인 것은 그 농기구들이 모두 아버지로 보였던 까닭이다. 우리들을 키우기 위해 힘겹게 살다 가신 모든 행위들을 연상시키는 것들이었기 때문이다. 지게, 삼태기, 새끼, 쟁기, 새끼 꼬는 틀, 가마니 짜는 틀, 벼훑이, 도끼, 도리깨 등등. 이 많은 것들 중에 아버지 손길이 닿지 않은 것이 무엇이랴.

나도 모르게 발길이 멈춰진 곳은 허름한 지게 앞이다. 손만 닿으면 팍삭아 내릴 것 같은 푸석거리는 지게. 그러나 그것을 지탱하고 있는 작대기는 제법 뽀얀 살을 하고 있었다. 의족처럼 새로 만들어 세웠나보다. 아버지 떠난 자리에 어머니 혼자 계시듯이 지게와 작대기의 다름이 가슴을 또 한 번 훑고 내려간다.

아버지는 저런 지게를 지고 한평생 산으로 들로 숱하게도 다니셨다. 그 지게 안에는 땔감도 있었고 곡식도 가득 차 있었다. 일거리가 뜸하고 잠시라도 쉴 틈이 생기면 소꼴을 베러 또 지게를 지고 논두렁으로 가셨다. 부지런한 만큼 많은 시간을 같이 움직이며 힘들었을 지게다. 촘촘하게 짠 싸리나무 바작, 그것도 그 안에 다 짐을 담아 나르며 나슬나슬하게 변해갔다. 지게는 그렇게 아버지와 한 몸이었기에 정겨움마저 있었는데 지금 저렇게 여러 농기구들 틈에 볼거리가 되어 놓여 있는 지게는 정겨움은 사라지고 오히려 측은한 느낌이 든다.

지게는 이름부터가 마음에 든다.

"여보게 짐지게.", "지게로 지게."

그래서 지게란다. '등에 지는 도구'라는 뜻이다. 막으니까 마개, 덮으니까 덮개, 졸이니까 조리개, 등 모두 '하는 행위의 종류'에다 '개' 나 '게' 만 붙이면 그 도구의 명칭이 되니 재미있다. 그러니까 '짐을 지게에 지다'하면 세 개 단어가 모두 한 단어에서 파생하여 무엇을 무엇으로 어떻게 한다는 문장이 다 만들어지는 것이니까 한국어는 기막히게 과학적 효율적인 구조로 발달되어 있다.

그런데 이것을 입증하는 지게가 지금은 골동품 전시장에 나와 진열되어 있다. 이젠 지게로 진다는 말이 거의 사라져 가게 된 것이다. 이렇게 먼지를 푹 뒤집어쓰고 전시되어 있으니 마치 전쟁기념관에서 보는 녹슨 무기들 같다. 그곳의 무기들은 대개 손들고 항복한 인민군 패잔병들로부터 거두어들인 낡은 무기들이다. 그런 생각을 하니 가슴이 아려 왔다. 얼마 전까지 고향집에 있던 아버지의 지게를 떠올리며 눈앞의 농기구들 앞에서 그런 생각을 하니 가슴이 몹시 아리고 쓰렸다. 나는 왜 그 농기구들을 보면서 패잔병들의 무기를 생각했을까.

"자 여러분들 이게 뭔지 아세요? 이게 지게라는 거예요. 전에는 농부들이 지게를 지고 무거운 짐을 모두 날랐어요. 지금은 농촌에 경운기가 있고 오토바이도 있고 자동차도 있으니까 지게를 질 필요가 없게 된 것이지요."

그날 중학생들을 데리고 농기구 앞에 와서 설명하던 여선생 말대로 사실 그런 농기구들은 새로운 기계문명에 의해서 패잔병처럼 밀려 난 것이다. 지금도 고향집 후미진 곳에 모여 있는 농기구 틈에서 먼지를 뽀얗게 뒤집어쓰고 있는 아버지의 지게를 생각하니 가슴이 아리다.

하지만 아직도 지구상에는 지게로 나르고 싶어도 나를 먹을거리가 없는 인구가 10억이 넘는다. 가까운 북한 땅만 해도 그렇다. 즉 지게는 우리들의 식량과도 줄 닿아 있다. 한국 농촌에서 지게가 사라져가고 있는 것은 새로운 문명의 변화 때문이기보다는 새로운 문명을 옛 어른들이 지게로 져 왔기 때문이다. 낮이나 밤이나 어디서나 지게를 몸의 일부처럼 항상 지고 무거운 짐을 나르며 그 힘겨운 희생으로 오늘의 우리들에게 기계문명과 풍요를 가져다주었다.

아버지도 그렇게 우리 가족들을 위해 지게로 무거운 짐을 져 날라 오신 후 저 세상으로 가서 오늘의 나를 보고 계신 것이다. 그런 아버지가 안 계셨다면 내가 어찌 자가용을 타고 또 이렇게 아무 때나 마음대로 오이도까지 나들이를 할 수 있을까?

지난날의 어르신들께서 우리에게 풍요와 새 문명을 져 나르시기 위해 활용한 지게, 그것이 없었다면 다음의 아무 것도 보장받기 어려웠을 것이다. 하기에 지게는 더욱더 문화적 가치를 지닌다. 더구나 나를 키워주신 아버지의 지게는 더 말해 무엇하랴. 어서 고향집을 찾아가 그것부터 살펴봐야겠다.

입춘대길

정월 대보름 무렵에 찾아가면 늘 대문간에서 '입춘대길'부터 만나게 되는 친구 집이 있다. 이 집에서 해마다 써붙이는 '입춘대길'은 자꾸 커진다. 크게 써 붙일수록 복을 더 불러들인다고 믿나보다. 그런데 언젠가는 '입춘대길'이 냉장고에도 붙어 있었다.

"애야, 금년에는 냉장고가 꽉꽉 차구 미어터지겠구나. 새로 바꾸렴."

"왜?"

"냉장고에 '입춘대길'이 붙으면 그렇게 되지 않겠니?"

몇 해 전 친정어머니로부터 급한 전화를 받은 것도, 밖에서 그 친구를 만나고 있을 때였다. 그 친구를 만나 입춘대길이 생각나곤 했는데 그 해는 대길도 아니고 소길도 아니었다. 아무래도 불길이었다. 그 며칠 전에 동생한테 받은 전화도 '입춘대길'이 아니었다.

사업을 하던 동생은 회사가 어려워지자 내 아파트를 담보로 융자를 부탁하였다. 대신 시댁 소유의 2층짜리 주택을 우리 앞으로 해준다고 했다. 담보라면 말도 못하게 하는 남편은 잘 알아서 하라는 말밖에 별말 없었다. 승낙보다 더 무서운 말이라는 걸 알면서도 은행으로 갔다. 서류를 정리하고 도장만 찍으면 되는데 아버지를 큰 병원으로 모셔야 할 것 같다는 전화를 받은 것이다. 앞이 캄캄하여 작성한 서류를 보류하고 S병원에 근무하는 친구에게 전화를 했다. 최대한 빨리 진료시간을 잡아달라고. 그때까지는 정신이 있었는데 어떻게 은행을 나왔는지 모른다.

친정에 도착할쯤 친구의 전화를 받았다. 화요일에 예약된 환자의 자리가 사정으로 비어있으니 모셔오라고 한다. 건강 하나는 장담했던 아버지였다. 소화제나 두통약을 제외하곤 어떤 약도 복용하는 걸 보지 못했다. 그 당당함은 어디로 사라지고 축 처진 모습으로 쇼파에 앉아 어떻게 내려왔냐고 걱정을 한다. 눈물이 나올 것 같아 돌아서는데 "감자 캐어놨으니 올라갈 때 가져가거라 하신다." 애써 참고 있던 눈물이 굴러 떨어진다. 훔치는 모습을 보이지 않으려고 밖으로 나갔다.

농작물 보관하는 하우스 안에는 아버지 주먹보다도 더 큰 감자들이 소복이 쌓여있었다. 아버지의 건강함을 보여주듯 말이다. 저 많은 감자를 심고 캐는 동안 아프다는 말 한번 하지 않았다는데 이게 웬 날벼락인가.

자글자글한 주름살은 있어도 평화롭게 일하고, 힘든 표정 짓지 않고, 자식들이 내려오면 하던 일 멈추는 게 아버지가 주는 사랑이었다. 어떤 상황에서도 무거운 짐을 다 짊어지고 싶었던 것이다. 휴가철에 내려가면 들일이 밀려있을 때가 있다. 우리들이 논밭 안에 가득 들어가 있으면 안쓰러워하면서도 흐뭇해 하셨다. 일을 마치고 동네를 들어서며 이웃을 만나면 누가 묻기도 전에 애들이 와서 다 해주었다며 행복해하던 아버지였다. 그러면서도 직장 생활하느라 고단한데 집에 와서나 편이 쉬었다 가라며 하던 일도 미루는 날이 더 많았다.

시골에서 가져온 X레이 사진을 의사선생님께 드렸다. 어머니 말씀대로 손을 댈 수가 없는 표정이다. 맛있는 음식 해드리고 모시고 싶은 곳 있으면 가족여행이나 다녀오라고 한다. 어떤 처방전도 없이. 진료실에서 나온 언니와 올케는 아버지를 부축하고 수납창구로 가다말고 낙심한 아버지의 얼굴을 바라본 것이다. 우리 자매는 순간적으로 피라도 뽑아봐야 아버지가 희망을 가질 것 같아서 다시 진료실로 갔다. 서울로 오실 땐 낫는다는 기대를 갖고 오셨는데 입원은커녕 진료도 하지 않는다는 게 마음에 걸렸다. 아버지 나름대로 기대하고 찾은 병원인데 그게 무너진 순간 앞이 캄캄했다. 자식이 아팠어도 이렇게 모르고 계셨을까. 나름대로는 자주 찾아뵙고 잘 한다고 생각했는데 그건 내 착각이었다.

그 날, 병원에서 나와 우리 집으로 모셨으나 식사를 통 못했다. 숨 쉬는 것조차 힘들어 하는 아버지께 전복죽을 쒀 드렸지만 몇 술을 뜨시고는 자리에 누우신다. 그런 모습을 뵌 것은 처음이었다. 식성 좋고 부지런하여 누워있는 시간보다 일하는 시간이 더 많았던 아버지였다. 힘으로 대결하면 누구도 따라올 수 없을 만큼 강한 분이었는데 잠시 앉아있는 것조차 버거워 하셨다. 간간이 통증이 오면 찌푸리면서도 참는 눈치다. 그때마다 발바닥을 주물러 드렸더니 편안해 하셨다. 팔 아프다고 피곤하다고 그만 하라고 하면서도 편히 주무셨다. 이대로라면 곧 피가 통해 나을 것 같아 밤새도록 주물렀다. 다음 날, 아버지는 모처럼 아주 편이 주무셨다며 편안해 했다.

후에 들은 얘기지만 아버지 팔에는 이미 피가 굳어있었는지 주사바늘도 들어가지 않았다고 했다. 그러니 그 고통이 오죽하였을까. 그런 와중에도 우리들 눈에 눈물이 적셔지면 그게 더 고통스럽다고 했다. 자식이라면 끔찍했던 아버지. 나는 눈물이 많은 탓에 아버지와 눈이 마주치면 눈물샘이 터져서 제대로 보지 못했다. 주무실 때나 옆모습만 바라봤다. 간암이란 판정 이후, 열하룻만에, 그것도 서울에서 받은 진료결과가 나오기도 전에 먼 여행길로 가셨다. 장례식도 치르기 전, 진료결과 나왔으니 내왕하라는 문자에 더 큰 슬픔을 받았다.

아버지는 먼 여행을 떠나기 전에 남편을 불러 어떤 일이 있어도 집을 담보로 해서 돈 빌려주는 일은 하지 말라고 했다. 동기간에 어려운 사정 알고 베푸는 정은 고맙지만 그 정으로 인하여 서로 힘들어진다고. 그게 당장은 서운할지라도 서로를 위하는 일이라고. 자칫하면 동서 간에 돈 잃고 정 잃는다며 돌아가시기 전날까지 되풀이하셨다. 그게 아버지의 마지막 유언이었다.

그 후, 동생의 가정은 힘들었지만 적어도 내 앞에서는 힘든 표정을 짓지 않았다. 동생도 내가 불편해 할까봐 그랬는지 모른다. 속 깊은 동생을 보면서 아버지의 유언을 다시금 새긴다. 당신은 피가 굳어 가는데도 오로지 자식들만 걱정하고, 행여 동기간에 우애가 깨어질까 봐 살아계신 동안 정리를 해주신 아버지!

사랑하는 아버지가 돌아가셨으니 그 해 봄 입춘대길 일기예보는 너무 맞지 않았다. 입춘이란 계절이 원래는 '대길'이라고 즐거워할 수많은 없는 계절이다. 봄이 되면 만물이 소생한다고 흔히 말하지만 T.S. 엘리어트는 '4월은 잔인하다'(『황무지』에서)고 했다. 봄이 와도 소생하지 못하고 그대로 흙으로 돌아가 버리는 많은 생명들이 있는 봄은 그들에게는 너무도 잔인하다. 나와 우리 가족들을 위해 그렇게도 애쓰시던 아버지의 죽음도 그렇다. 아버지가 돌아가시고 땅에 묻힌 후, 다음해 입춘 때는 눈도 많이 내려 봉분을 하얗게 덮었었는데 나중에는 그곳에 할미꽃도 피고 제비꽃도 피었다. 꽃들은 예쁘고 행복한 얼굴로 나와 벌들만 기다리며 겨울에 죽은 생명을 모르고 있듯이 그렇게 한 해 두 해 세월이 가면서 나도 동생도 슬픔도 거의 잊고 내 가정의 행복만을 꿈꾸며 산다.

이렇게 슬픔을 잊어가며 산다는 것이 아버지에게는 잔인한 일이지만 아버지가 땅 속에 묻혀 계시면서 간절히 바라고 있는 것도 사실은 우리들의 행복 아닐까? 그렇다면 봄이 와도 다시 소생하지 못하는 생명들이 흙이 되어 땅 속에 있는데, 거기서 제비꽃도 피고 할미꽃이 피듯이 딸자식이 행복하게 사는 것도 '입춘대길' 에 어긋나는 말이 아닐 것 같다.

'입춘대길' 이란 그저 만물이 소생해서 대길할 것이란 말이 아니다. 봄이 와도 새로 돌아오지 않는 돌아가신 어버이들이 이제 봄이 왔으니 너희들끼리 행복하게 잘 살아다오 하고 비는 것이 '입춘대길' 이라고 말하고 싶다.

금년에는 붓글씨 공부 좀 해야겠다. 그러다 안 되면 선생님께 부탁드려야겠다.

"선생님, '입춘대길' 한 장 부탁드려요. 되도록 큰 걸로."

(2009. 2. 4)

문상問喪

영문도 모르고 아버지를 따라 나섰다. 점심상을 받아 놓고 있는데 머리가 하얀 할머니가 내 앞에 와서 연신 절을 한다. 주눅이 잔뜩 든 나는 소낙비를 몰고 올 듯한 표정을 짓고 있는데 주위 사람들은 웃고만 있다. 눈가에 그렁그렁 맺힌 눈물은 금방이라도 쏟아질 것 같았다. 낯선 어르신들은 넓은 퇴청마루에 빼곡히 둘러앉아 괜찮다고 하시지만 수줍음이 많은 나는 잘 여문 봉선화 씨처럼 언제 터져 나올지 모르는 눈물을 참느라 곤욕을 치르고 있었다.

그러나 치매 걸린 할머니가 내 상황을 알 리가 없다. 다만 긴 머리를 풀어 놓은 내가 상주인 줄 알고 위로를 한다는 것이다. 나는 자리가 불편한 만큼 집에 갈 생각으로 간절한데 아버지는 일어날 생각을 하지 않는다. 성질이 급하셔서 어딜 가나 쉽게 일어서는데 그날은 앞 산 그림자가 바깥마당을 덮어버릴 무렵에야 이모 집을 나섰다.

부여에서 서천의 한 마을 판교까지는 버스가 많다. 그러나 면에서 동네로 들어가는 길은 한 시간 정도 걸어야 하는데 캄캄 절벽에 차편도 없는 길이다. 기차 손님을 받는 택시가 두어 대 있지만 비싼 요금을 내야 하므로 잘 타지도 않았다. 십리 남짓한 거리는 사방을 둘러봐도 불빛이라고는 보이지 않았다. 검은 천으로 덮어버린 듯한 거리는 야트막한 산길이다. 굽이굽이 한 모퉁이를 하나 돌면 인가의 불빛이 드물게 보이지만 그것도 신작로 길에서 한참이나 떨어진 곳이다. 그런 길까지는 그런대로 왔다. 우리 동네로 들어가려고 산길로 접어들었다. 인가마저 보이지 않는 산길은 산새들의 울음소리와 날짐승의 바스락거림이 소름이 끼칠 만큼 등골이 오싹하게 들려온다. 그때 아버지가 내 손을 꼬옥 잡았다. 그리고는 아들, 딸 손잡고 이렇게 나들이 하는 게 소원이었다고 한다.

진지한 음성의 아버지는 약주를 드셔서 한 말씀이 아니라 평소에 늘 그런 생각을 하신 것 같았다. 이렇게 잡고 싶은 손을 왜 잡지 못하셨을까. 내가 지레 겁먹고 다가서지 못한 탓일까. 그날 처음으로 아버지의 외로움과 편안함을 느꼈다. 아버지 큰 손은 거칠었지만 따스하고 포근했다. 해방 직후, 일본으로 건너간 할아버지를 늘 그리워하던 아버지 마음을 읽어 보았다. 당신이 받지 못한 아버지 사랑을 우리들에게 베푸시던 그 마음을. 그런데도 나는 아버지가 어렵기만 했으니 참으로 어리석었다. 그 속마음을 알아냈을 때에는 이미 아버지 손을 잡고 나들이할 시기가 아니었으니.

당시의 통신 상황은 도시에도 두어 집 건너 한 대 꼴로 있던 전화가 시골 동네에는 조금 산다는 집에나 대표로 있던 시절이다. 가족의 안부를 전하려면 편지밖에 없었다. 나는 아버지께 틈틈이 편지를 보내놓고 여러 가지 상상을 했다. 무논에서, 뜨거운 담배밭에서 일하다 말고 뜯어 보는 장면을. 검게 탄 얼굴, 주름살 사이로 환하게 비춰지는 아버지. 그 모습을 그리다보면 내 입가에도 미소가 고였다. 구부러진 허리 펼 시간 드리고 나의 행복을 느꼈다. 아버지는 농사일이 아무리 바빠도 답장을 꼭꼭 써 주었다. 그리고 딸이 보고 싶으면 그 길로 올라오셨다.

그러나 그 정겨운 편지가 사라진 것은 전화 때문이다. 편지 대신 걸려오는 전화는 한낮이 아닌 이른 아침이나 늦은 저녁이다. 장날 약주라도 한 잔 하신 날은 꼭꼭 하셨다. 마당가에 있는 물앵두와 보리수가 익으면 빠뜨리지 않고 전화를 하셨다. 그리고 여름휴가에 내려 올 우리를 위해 빨간 자두를 따지 않고 아껴두셨다. 내가 새콤한 과일을 좋아하기 때문이다. 그런 아버지가 위독하다는 전화를 받고 내려갔을 땐, 이미 이 세상 사람이 아니었다. 온기라곤 찾아볼 수 없는 차디찬 몸이었다. 그 인자했던 손길 온데간데없이 딱딱하게 굳어있는 몸으로 우리 육남매를 맞이하셨다.

내가 상주가 되어 있다는 게 꿈만 같았다. 고희가 되려면 아직도 3년이나 남아있는데. 건강 또한 청년들 못지않았는데. 병원이라고는 가본 적이 없었는데 암이란 불치병이 언제부터 아버지 몸에 들어왔을까. 손도 댈 틈 없이 온몸으로 전이되었다는 게 믿어지지 않았다. 그렇게 될 때까지 아픈 내색을 하지 않아 아무도 몰랐으니 참으로 허무했다. 당신의 몸은 서서히 굳어가면서도 자식들 눈에서 눈물 보이는 게 싫다며 아픈 표정을 짓지 않았다. 그래서 슬픈 표정도 눈물도 감춰야 했다. 병명을 알고 난 열흘도 당신의 몸을 챙기지 않았다. 오로지 엄마와 우리들 그리고 아버지가 심어놓은 곡식 거둘 일만 걱정하셨다.

내가 도착했을 때 문상객을 맞이할 준비는 되어 있지 않았다. 아버지와 헤어질 준비도 되어있지 않았다. 그런데 뭐가 그리 급해서 우리 곁을 떠나셨을까. 성질도 급하시더니 운명의 시간도 급하게 마감하셨다. 집안 곳곳에는 아버지 흔적이 그대로 남아 있는데 아버지는 움직이지 않는다. 장례식 날도 장대비가 내려 서둘러 하관을 해야 했다. 그렇게 모든 절차를 아버지 성질대로 마쳐야 한다는 것이 마음 아팠다.

그렇게 아버지를 보내드리고 내 삶의 터전으로 왔을 때, 우리 집에 문상 온 친구들이 전화를 걸어 왔다. 고맙다는 말을 꺼내기도 전에 내 얼굴이 너무 슬퍼보여서 할 말을 잃었다고 했다. 표정 하나하나 살피다보니 아버지에 대한 사랑이 너무도 간절해 보여서 선불리 말을 꺼낼 수 없었다고 했다. 눈물을 왈칵 쏟아낼 것 같아 위로의 말도 꺼내지 못한 채 돌아섰다고 했다. 그랬다. 나는 아무런 준비도 없이 그렇게 아버지를 보내드렸다. 할 말도, 보여 드릴 것도, 드리고 싶은 것도, 같이 가고 싶은 곳도, 수없이 많이 남아있는데….

봄꽃이 선명하게 피어있다. 봄나물과 봄꽃을 유난히 좋아하던 아버지. 그 두터운 손잡고 곱게 핀 꽃길로 봄나들이를 가고 싶다.

(2005. 4. 16)

안개꽃

'더 좋아해 주지 않음을 노여워말고 이만큼 좋아해주는 것에 만족하고 주기만 하는 사랑이라 지치지 말라.'

매주 화요일이면 이 글을 접한다. 초등학생이 쓴 글씨인지 어른들이 쓴 글씨인지 잘은 모르겠지만 아이들 수업을 위해 방문하는 주민자치센터 작은 교실 안에 붙어 있는 글씨다. 하얀 화선지에 검은 붓글씨…. 명필도 아닌 것이 선 하나하나에 강한 힘이 들어가 있다. 암팡지게 내려 그은 필력에 잠시나마 그 무게만큼의 명상으로 빠져든다. 누구에게 잘 보이려고 붙어 있는 것도 아니건만 누구에게 힘 있음을 과시하는 것도 아니건만 잔잔했던 가슴을 일렁이게 한다.

사람들 중에는 자기만 좋아해주길 바라며 사랑을 받으려는 이들이 많다. 그러나 미물이나 사물들은 그렇지 않다. 아름다운 자신의 모습에 대하여 대우를 받는다고 해서 도도하지 않고, 푸대접을 받는다고 해서 주춤하지도 않는다. 다만 그 자체로 존재할 뿐이다.

가녀린 새싹은 나름대로의 길을 찾아 뻗어가고, 이파리 무성한 나무는 자신의 몸을 희생하여 그늘을 만들고 있다. 어디 그뿐인가. 든든한 나무들은 각종 장식품이 되기 위하여 온 몸 성형을 해도 제자리 지키고 있다. 그리고 계절에 따라 자신을 알리려는 마음으로 산고의 고통쯤 거뜬히 참아낸다. 그렇게 자란 수많은 꽃들이 있어 우리 사람들은 계절에 따라 아름다움을 느끼며 살아간다.

이처럼 하나의 희생은 또 다른 행복을 안고 온다. 꽃은 어느 꽃이든 화려하지 않아도 오가는 사람들의 눈길을 잡아놓는다. 그리고 어떤 대가를 바라지도 으스대지도 않는다. 다만 이성을 가진 사람들만이 어린아이부터 중년, 노년에 이르기까지의 자신이 자세를 낮추지 못하고 살아갈 뿐이다. 나 또한 누군가가 나를 좋아해주길 바랐지 내가 누군가를 더 좋아하지 않았다. 그러면서도 누군가가 내 옆 사람을 좋아하면 고운 시선으로 보지 않는다. 그게 나와 비슷한 동기들 간이라면 더욱 그렇다.

정호승 시인은 안개꽃을 보고 '착하고 깨끗하게 살아서 죽어서도 그대로 피어 있다'고 했다. 장미는 시들 때 고개를 꺾고 사람은 죽을 때 입을 벌리는데, 안개꽃은 사는 것과 죽는 것이 똑 같으니 세상의 어머니들이 돌아가시면 저 모습으로 남아있을 거라고 했다.

그러고 보니 앙증맞게 피어서 당당하게 자리 잡고 있는 안개꽃은 어떤 자리에 갖다놔도 흐트러짐이 없어 보인다. 생화든 조화든 건화든 간에 수더분한 여인처럼 인심 넉넉한 여인처럼 어디서나 잘 어울린다. 홀로 있어도 탐스럽고 여럿이 모여 있어도 돋보이는 꽃이다. 어쩌면 인정 많은 어머니를 연상하게 하면서도 청순한 소녀들의 웃음처럼 순박하게 보인다.

그랬다. 안개꽃이 고개를 숙이는 걸 보지 못했다. 그런데도 불구하고 밉지 않은 것은 소박하게 피어서 탐스러운 자태로 남아 있기 때문일 것이다. 올망졸망한 망울들이 눈에 익어서일 것이다. 그러지 않고서야 어찌 예쁘게만 비칠 수 있을까. 물을 주지 않아도 의연하게 서 있는 꽃, 이 꽃은 거만하고 도도한 여인처럼 보이지만 소박하기 그지없는 꽃이다. 장미나 카네이션, 프리지어 등 어느 꽃 속에 들어가도 돋보인다. 작은 봉오리 활짝 피워내지 않아도 하얀 자태 그대로 남아 있는 안개꽃은 순박하면서도 억척스런 여인이었나 보다.

세상의 어머니들이 살아계시나 돌아가시나 자식의 가슴속에 늘 그 모습 그대로 남아 있듯이, 안개꽃이 주는 여운은 강하지 않아도 늘 우아하다. 연약해 보이지만 은근한 힘이 있다. 가느다란 몸 희생하여 다른 꽃들에게 기쁨을 안겨 주고 자신의 향기는 감춰버린 꽃, 나는 그것의 모습에서 고상함을 찾아낸다. 어머니라는 단어 하나가 지니고 있는 향기처럼.

(2010. 5. 16)

균열

마음을 비우려고 뒷산에 오른다. 크고 작은 바위틈에 뿌리 하나 걸친 작은 풀이 아슬아슬하게 매달려 있다. 살아있음을 감히 엄두도 못낼 곳에서 나풀거린다. 바위 틈새에 끼어서 생명줄 이어감이 대견스럽다. 살짝 건드리면 뽑혀질 것 같지만 모진 비바람 맞아가며 용하게도 살아간다. 저게 사랑의 힘이구나 싶어, 움켜쥐고 살아온 지난날들을 되돌아본다.

한 포기의 풀이 자신을 사랑하지 않았다면 저 험한 환경에서 견뎌낼 수 있었을까. 자신에게 찾아온 아픔과 고통을 보듬고 산다는 것은 삶에 대한 애착이고 용기다. 조금만 비켜서면 충분한 영양소가 들어있는 곳이다. 그러나 자신의 위치는 보잘 것 없는 곳인데도 방글거린다. 살아있다는 것만으로도 행복한 모양이다. 제 몸이 불편하다고 불평하지 않고 한 송이 꽃피울 날을 기다리며 인내한다.

몇 차례 몸살을 앓은 것 같은 가엾은 풀 한 포기가 한 여인을 떠올리게 한다. 그녀를 알게 된 것은 몇 해 전이다. 겉으로 보기엔 행복한 여인이었다. 그러나 그녀를 알면 알수록 이해할 수 없는 균열 하나가 그녀의 가정을 짓누르고 있음을 알았다. 큰 강둑에 난 작은 균열처럼 말이다. 막으면 막을 수 있는 것 같은데 막을 수가 없는 모양이다. 그로 인하여 이틀이 멀다하고 가정불화가 일어났다. 마치 사나운 바람이 그녀 가정으로 몰아치는 것 같았다. 한 번 터지기 시작한 균열은 막을 수 없이 번져갔다. 평온했던 가정에 풍랑이 일어나 날마다 돌아오는 어음 틀어막기 바쁘고, 부풀어진 빚은 자꾸만 터져 나와 사소하게 생각했던 일들이 여기저기서 삐걱거리는 소리를 냈다.

그렇게 기울기 시작한 사업은 몇 년 동안 이어졌다. 눈을 뜨면 걸려오는 전화와 우편함에 쌓이는 독촉장에 그녀를 편할 날 없이 괴롭혔다. 작은 사업장을 잃고 겨우 남은 아파트는 빚 청산에 들어갔다. 그 뒤를 이어 터지는 각종 일들은 시간이 흐르면 해결될 줄 알았다.

그러나 그게 악몽으로 이어질 줄 누가 알았으랴. 생계도 유지할 수 없을 만큼 기울어진 빚은 앞으로의 날들을 막연하게 했다. 한 포기의 잡풀이들 그런 상황이라면 시들지 않을까 싶었다. 그런데도 그녀의 얼굴에는 늘 웃음꽃이 피어있었다. 도와주지 못하는 마음을 알아채기라도 한 듯 물질적인 도움은 못줘도 마음이나 전할까 싶어 따스한 눈빛으로 바라보는 날이면 왕방울 같은 눈에서 눈물이 나올 것 같아 아무런 말도 하지 못했다. 가끔 만나서 위로라도 해주는 날이면 아무 일도 없었다는 듯 환한 분위기로 바꿔 놓았다. 누가 누구를 위한 만남이고 누구를 위한 자리인지 착각할 만큼 뒤바뀐 분위기를 만들었다. 좌절이란 슬픔보다 희망이란 가치를 더 깊이 있게 했다.

그런 그녀의 생활에서 들꽃이 맺히는 것을 연상해보았다. 많은 사람들로부터 짓밟히며 살아온 풀, 그 과정을 거치며 한 송이의 꽃을 피우기까지는 순조롭지 않았으리라. 길가에 자리 잡은 여린 풀은 수없이 짓밟혔을 것이고, 돌멩이 틈새에 끼어있는 안타까운 풀은 흙과 수분이 모자라 힘겨웠을 것이다. 견뎌내기 힘든 상황이 날마다 기다려도 살아야 한다는 마음 하나로 제자리를 지켰을 것이다. 그렇게 살아난 풀에서 그녀의 삶을 엿본다. 뜻하지 않은 환경을 극복하며 꿋꿋하게 살아야 했으니까.

그에 비해 나는 너무도 행복하지 않았나 싶다. 그런데도 불구하고 현재의 위치를 불평하며 살고 있다. 경제가 어렵고 달러가 오른다며 미래에 대한 부정으로 불만투성이로 말이다. 그러니 풀보다 못한 삶을 살아온 게 아닌가. 나약하기 그지없는 한 포기의 풀은 현재를 극복하는 데에만 온갖 힘을 쏟은 것 같다. 절망에 빠진 그녀가 그랬던 것처럼. 붙잡을 거라고는 하나도 없는데 등 비빌 곳이라곤 한 군데도 없는데 그녀는 당당하게 일어섰다. 한 포기의 풀이 추위와 더위를 이겨내며 사는 것처럼. 더우면 시들었다 기운 차리고, 추우면 움츠렸다 살아나는 풀처럼 말이다.

그녀는 과거의 화려함과 현재의 초라함을 비교하지 않았다. 자신의 위치를 그대로 받아들이고 극복하는 데에만 급급했다. 그녀의 현재가 아름다운 것도 힘들었던 고비를 사랑이란 단어로 보듬었기 때문이다. 내 것이 아닌 것을 과감하게 버릴 줄 알고 남의 것은 탐내지 않았기에 당당하게 일어설 수 있었으리라. 가녀린 그녀를 보면서 악조건 속의 풀도 그랬을까 싶어 눈길이 머문다.

사시사철 땅 언저리에 붙어서 내려오지도 못하고 다가오지도 못하는 애처로운 풀. 나는 이 땅의 모든 들풀 속에서 외로움과 그리움을 느낀다. 살아 있음이 지친 것 같지만 살아 있음을 사랑으로 받아들이는 것 같아 다시금 바라보곤 한다. 부질없는 욕심을 비우고 사는 것 같아 경이로움을 느낀다. 이 작은 균열은 한 포기의 잡풀에게 있어 생명줄을 이어주었다. 하지만 한 여인에게는 그 균열로 인하여 집을 잃고 사업장을 빼앗겼다. 불행의 길목에서 행복을 찾는다는 것은 힘든 일이다. 그러나 그녀의 사랑 앞에는 고개를 숙일 수밖에.

불빛 없는 가정에 환한 불빛이 비춰진 것처럼 힘겹게 살아가는 한포기의 풀도 꽃망울을 터트리기까지는 수많은 고통을 겪었으리라. 자신의 몸 지탱하기 버거워도 꽃 피워낼 욕심으로 살았으니까. 누군가 그 꽃을 반기든 그렇지 않든 제몫을 다 해내었다. 그래서 그 꽃이 더 아름답게 보인다. 그녀의 삶에도 환한 꽃망울이 터질 것 같다.

(2009. 1. 29)

그리다만 횡단보도

결혼 전, 직장에서 있었던 일들이 파란 새싹들처럼 하나 둘 돋아나고 있다. 아지랑이 아른거리는 봄날, 점심시간을 기다리는 건 구수한 누룽지가 생각나서였다. 사내 식당이지만 본관에서 식당까지의 거리는 꽤 걸렸다. 나는 많은 사람들이 줄지어 서 있는 게 싫어서 그 시간을 피해 좀 늦은 시간을 이용했다. 그렇게 가다보면 상무님을 만나게 되고, 사원들을 좋아한 상무님과 사내에 대한 이모저모 이야기를 나누는 재미에 늘 함께 했다. 상사라는 개념보다 이웃집 아저씨같이 편안한 마음으로 다가오신 상무님이었다.

그래서였을까. 식당 아줌마도 어렵게 대하지 않았다. 담배 대신 누룽지를 좋아했고 그걸 안 아줌마는 식사가 끝나갈 무렵 노르스름한 누룽지 한 뭉치를 꺼내주었다. 나도 상무님 덕에 그 누룽지를 즐겨 먹었다. 큰 가마솥에 백여 명의 직원이 먹어야 할 밥을 한 뒤라서 많은 양이 나오지만 다른 직원들을 주지 않고 아껴두었던 아줌마의 정도 상무님 못지않은 정을 지니고 있었다. 대부분의 직원들은 쌀쌀맞고 무섭다하여 아줌마한테 말 한마디 붙이기가 어렵다고 하지만 나는 다르게 보았다. 겉으로 보여지는 것에 비하여 인정미 넘치는 아줌마였다.

깔끔한 성품의 상무님과 식후에 먹을 누룽지를 들고 양지 바른 잔디밭으로 갔다. 봄꽃이 필 때는 먼저 피는 꽃나무를 찾아다니고, 한 여름이 되면 이파리 무성한 푸른 나무 밑을 찾았다. 때로는 오빠같이 때로는 이웃집 아저씨같이 다정다감하게 다가와 사내에서 일어나는 일들을 수시로 접하며 작은 일도 소홀히 하지 않았다.

통근버스를 놓치거나 일이 늦게 끝나는 날이면 퇴근길을 기다려주셨다. 특별한 일 외에는 사원들이 다 퇴근을 해야만 퇴근을 하셨다. 덕분에 나도 상무님 자가용을 수시로 얻어 탔다. 외모로 보나 내면으로 보나 인자한 성품이었다. 그런 상무님 앞에 사직서를 들고 갔을 때 인정할 수 없다며 허락을 하지 않았던 일이 엊그제 같은데 삼십여 년의 세월이 흘렀다. 그 소중했던 일들을 까맣게 잊고 있었는데 한 편의 영화를 보며 되살리게 되었다.

그녀가 사는 곳은 고아원이었다. 환경이 비슷한 처지의 남학생 둘을 친동생처럼 대해주면서 누나같이 보살폈다. 부모로부터 버려진 그들이 서로를 의지하며 지내는 모습에서 친남매 이상의 정을 느끼게 했다. 순간순간 가슴 뭉클하게 하는 장면들로 눈시울을 적시는데 어느덧 청소년기에 접어들었다. 고아원에서 나온 두 남학생은 주유소에서 세차를 하며 온갖 궂은일을 다 했고 그녀는 어릴 적 꿈꾸던 미용사가 되었다. 머리를 자르면서 자기 미용실 하나 갖는 게 소원인 그녀는 그 작은 소망 이루기 위하여 열심히 살았다. 세 사람 모두 제 자리에 서서 최선을 다하여 번 돈으로 어려운 생활을 하지만, 그들만이 갖고 있는 행복은 누구도 탐내지 못할 만큼 소중해 보였다.

누구나 다 자신만이 갖고 사는 꿈이 있다. 그게 작은 횡단보도를 그리는 일일지언정 똑같은 마음으로 살아갈 것이다. 순박한 두 남자가 한 여인을 위해서라면 하늘의 별이라도 따올 만큼 정성을 다하는 모습에서 주인을 잘 만난 꽃나무를 보는 듯하였다. 군대를 가기 위해 검정고시를 보는 것도 이색적이지만 그녀를 위하여 횡단보도를 그리는 장면은 눈시울 적시게 한다. 그녀가 미용실에 가려면 길을 건너야 한다. 그걸 지켜보던 한 남자가 조금이라도 가까운 거리에서 건너게 하려고 틈만 나면 횡단보도를 그렸다.

수없이 지나가는 찻길에서 누군가를 위하여 할 수 있는 일이 있다면 그게 어떤 일이라도 행복하겠지. 그런 마음을 지니고 사는 사람 앞에는 어떤 어려움이 닥쳐도 극복할 수 있는 힘이 있을 것이다. 그 영화의 주인공들이 자신의 환경을 탓하지 않고 열심히 살아가는데 박수를 보낸다. 엄동설한에 추운 베란다에서 생명줄 이겨내는 꽃나무를 보는 것 같아 애처로우면서도 대단함을 느낀다.

가끔 주변을 돌아보면 나만 왜 이럴까 하는 이를 본다. 그런 사람을 볼 때마다 이해는 하면서도 어떤 말로도 위로가 되지 않을 때가 있다. 어쩌면 그들에게는 좋았던 일만 있었던 것이 아닐까 하는 생각도 한다.

궂은 일이 덮여 있어서 좋은 기억을 모르고 살았던 게 아닐까 하는 생각을 해본다. 평소에 궂은 일이 많고 좋은 일이 적었다면 좋은 일만 기억하고 살았을 테니까.

문득 옛 직장 동료들과 상무님이 떠오른다. 동료들이야 수시로 만나지만 상무님과의 만남은 삼십여 년이나 지났다. 영화 속 두 청년이 그리는 횡단보도를 보면서 사람과 사람 사이에도 횡단보도가 하나 있다면 하는 상상을 해본다. 그럼 어떤 만남도 중단하지 않고 이어질 거라는. 그래서 편안하게 오고 갈 수 있다는 생각이 든다.

또 한 송이의 꽃나무가 긴 겨울을 보내고 새봄을 맞이하는 것처럼 나도 누군가를 위하여 횡단보도를 하나 그려보고 싶다. 그리고 누군가를 웃게 할 예쁜 꽃나무처럼 내 손길이 필요하다면 함께 걸어가고 싶다. 지금까지는 내가 걸어갈 횡단보도만 그렸다면 앞으로의 삶은 많은 사람들과 같이 갈 횡단보도를 그려보고 싶다. 내 마음속에 남아있을 그리다만 행단보도를….

(2008. 2. 28)

별난 모자母子

퇴근 시간도 아닌데 큰아이가 급히 들어와서 조금 있으면 아들이 큰 부자가 되거나 여자 친구가 생길 것 같다는 이야기를 한다. "웬 뚱딴지같은 소리? 아닌 밤중에 홍두깨라더니 무슨 말이야?" 하고 되물어본다. 아들은 그럴 일이 있어요. 하면서 제 방으로 들어갔다.

아들과 나는 그 어느 연인보다도 가까운 사이이다. 전생에 무슨 연을 갖고 만났기에 그토록 좋은 건지. 살과 살을 맞대는 건 예사이고 틈만 나면 달라붙어서 도란도란 이야기 하는 일이 우리 둘의 사랑법이다. 저녁밥을 차려놓고 아들을 불러냈다. 식탁에 앉자마자 평소처럼 이야기를 늘어놓는다.

"엄마, 누런 구렁이들이 우글우글한 방에 혼자 있어봤어? 무섭고 징그러울 줄 알았는데 예쁘게 생겼더라고. 그래서 그 구렁이를 붙잡고 신나게 놀았지."

참으로 흐뭇한 표정이다. 아들은 그 꿈이 너무도 생생해서 자기가 수업하는 학원 아이들에게 들려줬다고 했다. 그러자 중, 고생 아이들이 대박 날 꿈이라며 복권을 사라고 해서 한 번 사봤다는 것이다.

나는 가끔 아들 팔베개를 하고 침대에 눕는 버릇이 있다. 진지한 말을 하려면 아들의 품속으로 파고들 듯 껴안는다. 어릴 때 안았던 한 아름의 몸이 아니다. 씨름선수 못지않게 덩치가 커서 내 품에 안겨지지 않자 이제는 아들이 나를 안는다. 아들만 둘을 키우지만 이처럼 인정 많고 상냥하여 남들이 누리지 못하는 행복을 간혹 친구들에게 말한다. 그러면 징그럽지 않느냐. 그래서 어떻게 장가를 보낼 거냐며 면박을 준다. 하지만 아직은 내 아들(소속)인 만큼 그 말이 귀에 들어오지 않을 뿐더러 신경 쓰지 않는다. 낙천적인 성격에 후에 일어날 일을 갖고 미리 걱정하지 않기 때문이다.

복권이 당첨되어 육십 억을 받으면 엄마 통장에 십억 넣어주고, 일억을 들고 청담동으로 가서 쇼핑을 하자고 한다. 엄마가 좋아하는 옷과 구두, 핸드백을 산다는 것이다. 나는 거기에 한 술 더 떠서 "아들아, 엄마가 좋아하는 게 또 하나 있는데." 라고 했다. 그랬더니 "맞다, 울 엄마 액세서리 좋아하지. 까짓것 쓰는 김에 화끈하게 쏘는 거야." 한다. 말만 들어도 시원스럽고 황홀하다. 그리고 잠시 고개를 갸우뚱하더니만 청담동은 일류 명품들만 있는 곳이라 보석까지 산다는 건 무리라고 한다. 웬만한 옷은 천만 원 정도 할 터인데 그럼 몇 개 살 수가 없다며 조금 낮춰 가는 게 어떠냐는 것이다. 할 수 없이 명품에서 벗어나 압구정동으로 가기로 했다. 백화점 일층 진열대에는 내가 좋아하는 구두와 액세서리가 화려하게 전시되어 있다. 마음에 드는 물건 하나하나 쇼핑백에 넣는 재미가 쏠쏠하다.

둘이서 얼굴 가득 웃음꽃을 달고 있는데 남편이 들어왔다. 다 큰 녀석 끌어안고 뭐 하는 짓이냐고 한마디 하고 나간다. 그 핀잔에도 아랑곳하지 않고 우리는 층층을 돌면서 양 손이 모자랄 만큼 쇼핑을 했다. 드라마에서나 본 듯한 일들이 현실로 드러날 것 같은 화려한 주말이다.

고상하고 깔끔한 정장 몇 벌, 화려하고 심플한 원피스 몇 개, 동창들 만나거나 야외에 갈 때 입을 간편한 옷, 살 뺄 때 입을 스포츠 의류, 계절마다 교대로 바뀔 보석과 핸드백, 번갈아 신을 구두 등등 한 아름 샀다. 일 억 원의 가치가 별거 아니라는 생각이 든다. 신나는 쇼핑은 30분도 채 되지 않았지만 쇼핑의 즐거움은 무한한 행복 속에 갇혀있다. 이 풋풋한 행복이 언제까지 남아 있을까. 아들을 품에 안고 놓지 못하는 것처럼 평생 간직해도 좋겠지. 눈에 보이고 손에 주어진 것만이 행복인 줄 알았는데 그게 아니었다.

〈죄와 벌〉, 〈카라마조프의 형제들〉, 〈영원한 만남〉 등을 발표한 작가 도스토예프스키는 사형집행 직전 5분을 어떻게 다룰까 신중하게 생각하고 있었다. 그런데 2분을 남겨놓고 사형집행 중지명령이 떨어져 구사일생으로 풀려난 것이다. 그래서 그 5분의 소중함을 평생 잊지 않고 순간순간 간직하며 살았다고 한다. 이처럼 행복과 불행의 갈림길은 5분 안에서도 수시로 변한다.

주변 사람들은 딸이 없어 외로울 것이라고 하지만 나는 아들만 키워서

인지 딸의 장점을 모르고 산다. 상냥한 아들은 생일이나 달력에 적힌 각종 행사 날을 기억하여 작은 선물이라도 챙길 줄 알고 장미꽃 한 송이, 초콜릿 하나 사들고 들어오는 멋을 알고 있다. 이 다음에 내 속마음 털어놓을 수 없음이 아쉬움이라 하지만 그건 그때 가서 해결할 문제이지 앞서서 고민할 일은 아니다. 딸이든 아들이든 마음을 비우고 살다보면, 사랑만 듬뿍 주고 살다보면 외로울 틈도 마음 감춰둘 틈도 없다. 내게 주어진 만큼의 행복을 누리며 사는 게 내 좌우명인 것을. 설령 그게 이루어지지 않더라도 아들이 갖고 있는 온유한 마음을 아들의 동반자에게 준다고 한들 미움이 되겠는가. 질투가 되겠는가. 아름답게 살아가는 마음 하나 있다면 그게 내 행복인 것을.

온종일 골치 아픈 수학문제를 놓고 힘들었을 아들을 위하여 마사지를 해준다. 아이들 수업하고 와서 쉬지도 못한 채 넓은 백화점을 쇼핑했으니 피곤할 것이다. 오늘따라 누워있는 모습이 더 나른해 보인다. 먼저 등 척추를 따라 꾹꾹 눌러주었다. 그리고 양 팔과 다리를 싹싹 쓰다듬어 주며 발바닥까지 내려왔다. 발바닥이 퉁퉁 부어있다. 마사지용 비누를 발라 발가락 하나하나 주물러준다. 피로가 풀리고 시원한지 두 눈을 감고 큰 대 자로 누워있다. 지친 몸 풀릴 즈음 마무리 단계로 얼굴 마사지를 해주었더니 그대로 잠이 드는 아들. 이 귀여운 맛에 나는 또 하나의 행복을 느낄 수밖에.

(2009. 8. 20)

야, 이놈아, 옷 벗어

눈은 그가 현재 어떻다는 인품을 말하고 입은 그가 무엇이 될 것인가를 말한다고 한다. 맑은 눈빛에는 거짓이 없고 예쁜 입에서는 진실함과 웃음이 새어나온다는 뜻이기도 하리라.

작은 아이는 인정 많고 마음이 여리다. 그래서 제 주변에서 일어나는 일들을 수습하는 데에 늘 앞장을 선다. 중학교에 입학을 하기 직전 선배한테 맞은 이야기를 들려주었다. 한 친구가 나약한 친구를 귀찮게 하고 수시로 때리는 게 화근이 되어 한 대 때렸더니 다음 날 그의 형한테 맞았다고 했다. 선배 앞에서 대항하지 않고 있는데 같이 온 선배가 네 동생을 왜 때렸나 물어나 보고 때리라며 말렸다고 한다. 앞 뒤 사정을 말하자 잘못이 없음을 알고 미안해하며 돌아갔다는데. 그땐 그 선배가 미웠지만 지나고 보니 나쁜 선배는 아니었다고 한다.

그 말 때문인지 상급학교에 진학하는 게 신경이 쓰였다. 당시 학교현황은 왕따가 유행어처럼 번지고 이지매, 지존파 등 차마 어른들도 흉내

내기 겁나는 일들을 어린아이들이 흉내 내던 때라 더 불안했다. 자라보고 놀란 가슴 솥뚜껑보고 놀란다는 속담처럼 부득이한 사정이 아니라면 친구 일에 나서지 말고 조용히 있어주길 바랐지만 그놈의 정과 의리가 무엇인지.

1학년을 마치고 새 학기에 접어든 어느 날, 맛있는 반찬만 보면 넉넉히 넣어 달라고 했다. 반찬이 맛있어서 그러는 줄 알았다. 그러나 후에 알고 보니 깍두기와 배추김치만 교대로 바꿔오는 짝꿍 때문에 친구들이 떠난 자리 지켜주다가 친구의 딱한 사정을 알게 되어 그런다고 했다. 아버지가 교통사고로 세상을 떠나자 어머니는 집을 나가고 생활 능력이 없는 할머니는 동에서 지원을 받아 삼남매를 키우시니 맛있는 반찬을 가져올 수 없다며 안쓰러워했다. 그 해 반찬값은 좀 들었지만 중 고교 시절 친구들과의 우정을 예쁘게 쌓아가는 아들이 보기 좋았다.

그러던 녀석이 제대를 하고 복학하기 전 알바를 한다고 일선으로 나섰다. 늘 피곤에 지쳐있는 것 같아 하고 싶은 말도 제대로 하지 못했다. 그런데 술을 한 잔 했는지 응석을 부린다. 아빠가 출근한 틈을 타 내 이불 속으로 쏘옥 들어와 안긴다. 큰아이가 종종 하는 행동이었지 작은아이가 하는 행동은 아니다. 웬일인지 궁금하기도 하고 의아해서 포근하게 안아주었다. 어깨를 토닥이며 힘드냐고 물었더니 조금 힘들다고 한다.

늘 웃고만 있어서 일이 좋아서 알바를 하는 줄 알았다. 나는 아들에게 힘들면 힘들다고 말 좀 하라고 했더니 그럼 여럿이 힘들다며 혼자 삭여야 한다고 한다. 어려서부터 모든 걸 잘도 참던 둘째다. 아무리 아끼는 장난감이라도 형이나 친척동생들이 탐을 내면 양보를 했다. 나는 그게 싫어서 자기 것도 챙기지 못한다고 꾸중을 했다. 그러다가 가슴 뭉클할 만큼 한방 먹었다. 형이나 동생들과 싸우면 이길 수야 있지만 그럼 엄마가 속상할까봐 참는다며 눈물을 글썽이던 아들, 그 예쁜 마음이 아직도 유효하게 남아있는 모양이다. 아들은 제 가슴을 만지며 중얼거린다.

"엄마! 이 마음이란 게 말이야, 엄마를 닮아서 그래. 에이 닮지 말았어야 하는데 그래야 내 맘껏 사는데."

녀석은 나를 또 부끄럽게 한다.

아들은 고등학교 시절이 그리운 모양이다. 조용히 말문을 열며 친구에 대한 이야기를 한다. 호기심 많은 친구가 자기집 아파트 복도에서 담배를 물고 있는데 하필 그 시간에 아버지가 오셨다는 것이다. 집 안으로 끌려간 친구는 벌벌 떨고 있었고. 화가 난 아버지는 "야! 이놈아, 옷 벗어!" 라고 큰소리를 쳤다는 것이다. 맞을 각오를 하고 서 있던 친구는 입고 있던 조끼를 벗고 아버지의 동정만 살피는데 아버지는 그 조끼를 집어 들고 화장실로 들어가 깨끗이 빨았다는 것이다. 그런 다음 "아들아, 조끼에는 담배냄새가 배어있어 엄마가 오기 전에 빨아야 혼나지 않는다. 엄마가 알면 너 쫓겨나! 그래서 빤 거야."

학생의 신분으로 잘못된 일이지만 꾸짖기 이전에 눈빛과 행동으로 훈육하신 아버지였다. 그 친구는 그날 이후, 담배를 태우지 않는다고 한다. 아들의 친구도 멋있지만 아버지의 사려 깊은 마음에 호감이 간다. 비록 평범한 일생을 살다 가는 아버지라도 자녀들, 후손들에게 남아있는 모습은 묵묵함이다. 그래서 아버지 하면 마음을 숙연하게 한다. 어쩌면 그 아들도 평소에 아버지를 존경하며 살아온 게 아닌가 하는 생각을 해본다. 자신의 잘못을 인정하고 뉘우칠 줄 아는 요즘 아이들 같지 않음도 새롭게 보인다. 서로 주고받는 대화는 없어도 신뢰하고 살아온 삶이 이들 부자지간을 더 돈독하게 했으리라. 부럽기도 하고 존경의 대상이기도 한 아버지의 산교육이 산뜻한 아침을 더욱더 맑게 한다.

보통의 아버지라면 화를 참지 못하여 소리부터 버럭 질렀을지도 모를 일이다. 그리하여 잘못을 뉘우치기 이전에 주눅이 들어 말 한마디 못하게 하였을지도 모른다. 하지만 그 아버지는 아들의 입장을 이해한 것 같다. 사춘기시절 누구나 겪는 홍역 같은 일들을 참으로 슬기롭게 해결하였다. 그 아버지를 보며 가정교육이나 학교교육의 중요성을 다시금 또 깨닫는다. 과연 내 아들은 무엇을 말하고 무엇을 말하지 못하며 살아왔을까.

(2008. 11. 18)

농경문화의 재발견과 삶의 자화상(自畵像)
–신숙영의 수필세계

정목일(수필가. 한국문인협회 부이사장)

1.

수필은 삶으로 그린 자화상이다. 좋은 수필은 오랫동안 마음에 남아 감동의 여운을 준다. '감동의 여운'이라는 것은 어떤 장면으로 남을 수도 있고, 또 느낌이나 향기, 빛깔, 가락으로 전해올 수도 있다. 사라지지 않고 오래도록 독자들의 인생에 감동과 지혜와 깨달음을 주는 글일수록 좋은 수필이 아닐까 한다.

수필을 '붓 가는 대로 쓴 글'이라고 한 것은 수필 자체를 폄훼한 것으로는 생각되지 않는다. 수필의 속성을 잘 알고 한 말이다. '닥치는 대로' '아무렇게나' '내키는 대로'라고 풀이하면 '누구나 쓸 수 있는 글'이 되고 만다. '붓 가는 대로'란 것은 형식에 구애됨이 없이 자유스럽게 쓴 글임을 말한다.

완벽에 가까운 글보다 진솔하고 격식 없는 수필이 마음을 끌어당긴다. 평온과 휴식을 안겨 주면서 인생론에 귀를 기울이게 만든다. 너무 완전무결하면 꾸며낸 것 같고, 짜 맞춘 듯이 빈틈이 없으면 여유가 없어 보인다. 완벽보다 파격이 있으면 더 좋고, 빈틈도 보이고, 모자람도 있어야만 미소가 나온다. 성공담과 미학만을 들을 필요도 없다. 오히려 실패담과 고행 담에서 값진 교훈과 감동을 느끼게 된다.

수필은 인생을 담는 그릇이다. 인간이란 완벽하지 않기에 완벽한 수필도 있을 수 없는 일이다. 삶의 체험에서 얻어낸 금 사래기로 어떻게 감동의 보석을 만들어 낼 수 있을까?

신숙영 수필가의 두 번째 수필집 ≪말강구≫를 읽고 난 뒤에, 필자는 옛 농경시대로 돌아가 푸른 들판을 배경을 조성된 농촌마을에 서있는 듯했다. 햇빛이 찬란했으며 흐르는 물이 맑았다. 흙냄새 풀냄새가 섞인 공기가 달콤했다. 춘궁기가 있어서 배가 고팠고, 농번기엔 정신없이 바빴던 시절이었지만, 어느 시대보다 순수하고 행복한 삶을 살았다.

신숙영은 농촌에서 나서 성장하였기에 자연과 들판이 이 작가의 서정세계 근간이 되고 있음을 확인한다. 신숙영은 감성이 풍부한 작가이다. 수필에 있어서 감성을 바탕으로 한 서정수필과 지식을 바탕으로 한 논리수필로 대별할 수 있다면, 신숙영의 경우는 전자에 속한다.

시골 장터에 들어서면 다양한 가게들이 눈길을 잡아 놓는다. 반짝반짝 빛나는 양은냄비 가게 앞에 가면 구멍 난 냄비가 은박지로 때워져 새것으로 변하고,

날카로운 농기구가 주렁주렁 걸려있는 대장간 앞에 가면 서슬이 퍼런 괭이, 호미, 삽, 쇠스랑, 낫 등이 묵직하게 자리를 잡고 있다. 아버지는 오래 사용하여 낡은 농기구를 가지고 장터로 들어간다. 그리고 그 물건은 대장간에 맡겨놓고 각 지역에서 나온 친구 분을 만나 주막집으로 들어가 약주를 드셨다. 그 사이 대장간 아저씨는 맡겨진 농기구들을 활활 타오르는 불구덩이에 집어넣어 빨갛게 달아오르면 그걸 꺼내어 원래의 모양대로 두들겨서 새것으로 만들어 놓았다. 지금은 그런 장면을 찾아볼 수 없지만 내 어린 시절의 장터로 들어가면 흔히 보던 풍경이다.

모든 것이 새것으로 물들어진 요즘 아이들에게 그런 장면을 이야기하면 먼 나라 이야기로만 느껴지겠지만, 호미나 낫을 어디에 사용하는지 물으면 그게 뭐냐고 물을지 모르는 일이지만, 그땐 이런 풍경들이 있었기에 어린 날의 향수가 정겹게만 느껴진다. 그 아름다운 시절이 엊그제 같은데 이젠 시골 어디에도 찾아보기 드문 풍경이다. 나는 요즘도 깔끔하게 꾸며진 공간에서 쇼핑을 하다가도 문득 시끄럽고 북적거리는 시골장터 안이 생각난다. 눈이나 비라도 오는 날에는 땅이 질퍽거려서 돌아다니는 것조차 짜증났지만 왜 그런 풍경들이 하나하나 되살아나는지 모르겠다.

—〈장날풍경〉 일부

우리의 삶은 농경시대를 거쳐 산업시대와 민주화 시대를 지나 오늘날 지식 정보 시대에 살고 있다. 이제 농경시대 삶의 체험과 추억은 사라지는 노을이 되어 서산마루에 걸려 있다. 황홀하고도 애잔한 모습을 보이며 이별을 고하려 한다. 농경기를 경험했던 50대 이상의 사람들에게 자연 속 서정의 삶을 안겨주었던 풍물들은 다시 찾을 수 없는 그리움의 향수로 가슴에 남아있다. 현대의 생활이 아무리 편리와 풍요를 안겨준다고 하더라도 궁핍 속에서도 순수와 자연 속에서 삶을 가꾸었던 농경시대를 잊을 수 없다. 인간은 어느 시대나 보다 나은 이상향을 건설하고 싶어 하지만, 때 묻지 않고 공해가 없는 자연 속의 삶을 그리워한다.

나는 고향을 일찍 떠났다. 그래서 오일장의 그 훈훈했던 정과 북적거리는 골목길 틈새를 엄마손 잡고 따라다녔던 순간들이 기억 저편에 머물러 있을 뿐, 말강구가 언제 사라졌는지 모르고 있다. 장터에서 만난 어른들은 인정미가 풍부했다. 어렴풋한 기억 속엔 호떡 하나 풀빵 하나 손에 쥐어주던 풋풋한 얼굴들이 가슴에 담아두고 있다. 그러나 그 정겨움을 살짝 맛보았을 뿐, 뭔가를 알 수 있는 나이에는 장터 안을 들어가지 않았으니 세월의 무심함이 아쉬움으로 남는다.

그런데도 불구하고 말강구에 대한 기억은 생생하다. 내가 물건을 직접 사고판 경험은 없지만 그들이 어떤 역할을 하였는지에 대해서는 조금은 알 것 같아 오일장에 들어서보니, 시골 장터의 옛 정경은 보이지 않았다.

도시에 자리 잡은 나는 말강구를 본 지가 언제인지 모른다. 역전마당 소나무 그늘에서 큰 멍석 하나 펼쳐놓고 손님을 맞이하던 말강구. 오며가며 모든 사람들과 정 나누면서 그 내면 어딘가에 속임을 한 자락 깔아놓았던 말강구. 그들은 지금 무엇을 하며 살고 있을까? 과거 지역 사람들의 보따리를 받아 곡식 한 톨 더 챙기려던 억척스런 마음 기억이나 하고 있을까. 살다보면 알면서 속는 일도 있는가 하면 전혀 모르고 속는 일이 허다하다. 그 직업이 해체되면서 어떤 삶을 살고 있을까. 가족의 생계를 위한 땅은 있었겠지만 부업으로 달라붙는 곡물이 끊기면서 그들의 삶도 약간의 흔들림이 있었을 것이다.

그런 흔들림 속에서도 장터 안의 정겨움은 가는 곳마다 배어 있었다. 비릿한 생선냄새, 간간이 큰소리치며 터지는 구수한 맛의 튀밥향기, 코를 벌름거리게 하는 고무신 때우는 냄새, 어디 그뿐인가. 대장간 앞에는 낡은 낫과 호미, 쇠스랑이 불구덩이에 들어갔다 나오면서 새것으로 변신하고, 은박지 한쪽이면 양은 솥이 말끔히 때워져 새것으로 되살아났다.

그러나 이제는 그 소중했던 농부들의 알뜰함까지 먼 추억의 모퉁이로 물러서 있다. 그토록 활기 넘치던 시골장터는 상인도 없고 소비자도 없는 썰렁한 공간이 되어있다. 말강구라는 말도 찾아볼 수가 없이 오일장의 그 정겨운 풍광은 느껴본 지 오래다. 그런데도 기억 저편에 자리 잡고 있는 추억 한 자락은 여전히 혼탁한 머릿속을 말끔하게 한다.

–〈말강구〉의 일부

농경시대 공동체의 삶의 모습을 여실히 보여주던 5일장은 아직도 사라지지 않고 있지만, 옛 모습과 풍경들이 고스란히 남아 있지 않다. ‘말강구’와 같은 것이 언제 있었으며 무슨 말인지조차 모르게 되었다. ‘말강구’는 추억의 등불을 켜고 옛 5일장의 모습을 실감나게 되살려주고 있다.

신숙영은 농경시대를 경험했던 마지막 세대로서, 농경문화의 체취와 정감어린 풍경들을 하나씩 되살려 내어 당시의 정겨움과 삶의 흔적들을 펼쳐 보인다. 오늘날은 백화점과 수퍼마켓 등에 의해 5일장이 퇴색돼 가는 모습을 보이고 있다.

시장모습의 변모는 우리 삶과 시대의 변화를 보여준다. 모든 제품들이 규격화, 대량상품화 되고, 인정과 교분, 만남과 소통의 공간이 돼 온 5일장의 모습은 자취 없이 사라지고 말았다.

신숙영은 5일장, 말강구 등 사라져가는 것들의 흔적을 더듬어 우리 삶의 체취와 애환과 궤적을 기억 속에서 찾아낸다. 농촌 출신의 작가로서 농경문화의 희미한 체험담을 기록으로 남겨, 서산마루에 넘어가는 노을처럼 흔적 없이 사라지려는 모습을 재생시켜 두고자 한다. 젊은 세대에겐 구태의연한 의식으로 생각될지 모르지만, 농경문화를 경험했던 세대에겐 격세지감(隔世之感)의 아련한 향수(鄕愁)를 느끼게 한다.

2.

인간은 자신들의 편리를 위해, 자연을 파괴하고 팽개치는 모습을 보인다. 자연훼손과 파괴로 인해 수자원의 고갈과 사막화가 두드러지고 생명마저 위협받고 있다. "자연으로 돌아가라"는 루소의 말을 떠올리면서 자연과의 조화를 이루지 않으면 지구의 생명성은 점점 퇴색되고 인류에게 재앙을 안겨줄 것이다.

자연과 함께 하는 삶이 아니면 인간은 진정한 행복과 휴식과 정서를 얻을 수 없다. 신숙영의 수필들은 자연정서를 맛보며 순수하고 행복한 삶을 누렸던 농경시대를 추억하면서 인생에 대한 성찰을 보여준다. 인간의 진정한 행복과 평화를 얻는 일과 앞으로 자연과 더불어 어떻게 살아갈 것인가에 대한 방향성에 대해서 감성 언어로 얘기해준다.

신숙영의 수필들은 살아있는 자연의 시들지 않은 신선한 서정을 보여주며, 이런 체험의 감성이야말로 삭막한 과학문명과 기계문명 속의 삶을 포근한 정서로 채워준다. 풀잎의 이슬 같은 맑은 감성으로 그려낸 삶의 수채화는 오늘날, 도시문명과 IT문화의 거대한 소통체계 속에 빠진 현대인들에게 푸른 녹음을 선물해준다. 녹색 결핍증과 자연 정서의 상실감을 안고 있는 현대인들에게 고향과 자연의 숨결과 체온을 의식하게 하는 동기를 제공해준다.

그토록 애지중지 다루던 쎄이코 카세트는 골동품이 되도록 아버지 옆에서 늘 함께 했다. 아버지 건강만큼이나 고장도 없이 20여 년을 함께 했다. 시골집이 다 그렇듯 수북이 쌓인 먼지 털어줄 틈 없어도 아버지는 수시로 그것을 닦아주며 자식 사랑하듯 아꼈다.

그토록 소중하게 다루던 카세트가 고장이 났다. TV가 있고 더 좋은 전축을 사다드려도 그걸 버리지 못한 아버지는 늘 눈에 띄는 곳에 놓아두었다. 어린 딸이 첫 월급을 타서 사온 카세트라는 이유로 골동품이 되어 아버지 곁을 지키던 카세트였다.

이렇게 보잘것없는 물건이 소중한 때가 있다. 그 물건을 어떻게 소유했느냐에 따라서, 가격이나 질의 문제없이 첫 만남이 주는 기대와 설렘에 따라서, 누구로부터 어떤 의도로 받았는지 왜 주었는지에 따라서 더 아끼는 물건이 있다. 그게 작은 호주머니 안에 들어갈 값싼 수첩일지라도.

아버지는 농사일을 해서 깔끔하게 차려입거나 멋진 양복을 입는 날이 드물었다. 늘 작업복 차림에 검소한 모습이었다. 그런 아버지를 오일장이 서는 날 질퍽한 시장 골목길에서 만나면 왜 그렇게 좋았던지. 풀빵 한 봉지 사주는 기쁨이었을까. 아버지를 만났다는 기쁨이었을까. 말로는 표현할 수 없는 묘한 행복에 빠져 흡족해 하던 때가 엊그제 일어난 일처럼 되살아난다. 그래서일까? 길을 가다가 구수한 풀빵 굽는 냄새가 나면 아버지의 감색 잠바에서 묻어나는 냄새 같아서 한 봉지 사들고 집으로 온다.

아버지가 벗어 놓은 누런 잠바와 검정고무신을 가만 들여다보면 흙과 검불이 잔뜩 묻어있다. 움직이는 발자국마다 흙먼지가 떨어져도 마냥 좋은 아버지였다. 방문만 나서면 낫자루와 호미 삽 등을 들고 들로 산으로 움직였다. 손재주도 많아서 틈만 나면 나무를 베어 팽이, 자치기, 윷가락, 연 등을 만들어주었다. 그리고 바퀴 달린 구루마를 만들어 동생들을 태워주게 하셨다. 헌 자전거에서 뺀 링은 굴렁쇠를 만들어 동생에게 주셨으니 장난감이 흔하지 않은 시절에도 우리 아버지 손을 거친 뒤에는 멋진 장난감들이 만들어졌다.

밖에는 이슬비가 소리 없이 내린다. 문득 아버지가 보고 싶다. 컴퓨터를 켜고 음악을 듣는다. 아버지가 즐겨듣던 '오은주'의 「지나가는 비」라는 노래를 들어본다. 나는 노래를 즐겨하지도 듣지도 않아서 제대로 아는 가사가 없지만 이 노래는 내 기억 속에서 지워지지 않는다. 아버지가 생각나면 가끔 부르는 노래, 끝까지 아는 노래라고는 그 노래 밖에 없다. 다음에 아버지 산소에 가면 이 노래를 불러드려야겠다.

—〈쎄이코 카세트〉 일부

신숙영의 수필집을 읽으면서 농경시대를 경험하지 못한 오늘의 젊은 세대들은 어떤 반응을 보일까를 생각해 본다. 체험의 미공유로 흥미와 관심 밖으로 내몰리고 말까, 아니면 옛날을 상상하며 당시의 삶과 정서를 맛보려 할 것인가?

체험의 공유와 세대에 따라서 노래, 패션, 음식, 유행 등 모든 삶의 취향이 달라지고 있다. 농경시대엔 오랜 체험 공유기를 가져 공감대가 넓었지만, 급속한 변화를 보이고 있는 현대엔 몇 년 전의 문화양상이 금방 자취 없이 사라지는 것을 보곤 한다.

〈쎄이코 카세트〉는 '오랜 정감'과 '새로움의 추구'에 대한 감성을 보여준 작품이다. 〈쎄이코 카세트〉는 아버지를 환기시키는 싱징물로써, 산소에 가서 아버지가 좋아하시는 노래를 들려드리고 싶어 한다. 이 작품은 농경시대에 살았던 부모와 선조들의 삶에 대한 애환과 그리움을 담아내고 있다. 감성으로 그려내는 농경시대의 추억장이 아닐 수 없다.

3.

해바라기처럼 누군가를 그리고 산다는 것도 행복이라는 생각이 든다. 누가 알아주지 않아도 자기만이 갖고 있는 마음을 마음껏 누릴 수 있으니까. 누가 보채지 않아도 스스로 그 자리 채울 수 있으니까. 참된 사랑은 받는 사람보다 주는 사람이 더 행복하다고 했다. 사랑을 받는 사람은 더 많은 것을 바라기 때문에 행복이란 단어를 찾지 못하는 반면, 주는 사람은 바라지 않고 주기만 하기 때문에 마음 다칠 일 없다고 했다. 바라면 바랄수록 채워지지 않는 게 사랑이다.

시선 따라잡는 게 사물이나 식물만 있는 게 아니다. 우리 사람들도 남의 시선 따라잡으려고 안간힘을 쓰며 산다. 가족이든 이웃이든 직장이든 어느 곳 하나 시선에 신경 쓰지 않는 곳 있을까. 각자의 삶에서 어떤 시선으로 바라보고 사느냐에 따라 생활의 질도 달라진다. 긍정적인 사고를 갖고 사는 사람과 부정적인 사고를 갖고 사는 사람들의 차이는 넘지 못할 담벼락에 부딪치고 말 것이다. 사람의 마음이 간사해서만은 아니다. 살아가는 길목이 서로 달라서 그럴 것이다.

무성한 숲으로 발 디딜 틈 없는 들풀 속에 홀로 핀 코스모스 꽃도 우리의 시선을 따라잡기 위하여 계절까지 잃었다. 가을에나 피어나던 코스모스가 늦은 봄부터 한여름에 이르기까지 수시로 피어나는 걸 보면 안쓰러움이 앞선다. 제때 피어서 눈길 잡아도 될 일을 성미 급한 사람처럼 꽃을 피우는 코스모스. 그 여린 몸에서 내뿜는 향기야말로 남의 시선을 잡으려고 안달이다. 그러나 왠지 고운 시선으로 보이지 않는다. 어딘가 모르게 아쉬움이 많은 사람처럼 비춰진다.

이처럼 남의 시선을 따라잡는 것은 억지 써서 될 일이 아니다. 스스로 다가올 수 있는 기회를 줘야 한다. 자신이 갖고 있는 마음을 솔직하게 내보일 때 마음이 간다. 마음이 가는 곳에 눈길이 머물 것이며 눈길이 머문 곳에 마음의 문이 열리기 마련이다.

우리 곁에 찾아온 핸드폰이 자신을 알아달라고 보챘거나 억지를 썼다면 이토록 많은 사람들의 시선을 따라잡을 수 없었을 테니까. 핸드폰은 제 자리에 가만히 있었다. 자신의 마음을 알아달라고 보채지 않았다. 그런데도 우리 스스로 그에게 다가가고 있다. 이제는 그가 없으면 하루 일과가 안 될 만큼 깊이 차지하고 있다. 그가 없으면 생활 자체가 마비될 만큼 깊숙이 들어와 있다. 나도 누군가에게 핸드폰 같은 사람이고 싶다. 또한 핸드폰 같은 사람을 내 옆에 두고 싶다.

—〈시선 따라잡기〉 일부

〈시선 따라잡기〉는 마음의 관점과 이해에 대한 견해를 드러낸 글이다. 인간은 사회적 존재로서 공동체 생활을 영위하는 만큼 상호간의 관계 조율과 이해에 따라서 삶의 상태가 달라지기 마련이다. 소통과 친화의 관계이어야 원만, 사랑, 협조가 이루어지는 반면, 단절과 불화의 관계가 지속되면 소원, 질시, 불화가 있기 마련이다. 항상 좋은 시선을 모으는 존재는 용기와 사랑과 헌신으로 삶의 힘이 돼주는 사람이 아닐 수 없다.

많은 사람들 중에 좋은 시선을 모으는 사람이란 자신 보다 이웃을 위해 마음과 사랑을 베푸는 이다. 어떤 문제가 발생하더라도 함께 상의하는 벗을 가졌느냐 하는 것은 자신의 인생경지에 달려있다. 자신이 주인공이나 스타가 되려면, 먼저 주변에 있는 사람이 주인공이 될 수 있게 도와주어야 한다. 경합자가 되어 대립, 반목의 자리에 설 게 아니라, 능동적이고 적극적으로 돕는 협력자의 자리에 서서 그가 주인공이 되게 혼신의 힘으로 도와주어야 한다. 오로지 한 사람의 주인공이 탄생할 때까지 자신은 배경색깔이 되고, 배경음악이 되어야 한다. 도움을 받은 주인공이 감동한 나머지, 협력자가 어떤 일을 하고자 나설 때는 자신이 모든 힘을 기울여 도와주는 상생관계가 되기 마련이다.

〈시선 따라잡기〉는 먼저 사랑을 베풀고 돕는 자세로 임할 때 생겨나는 지혜임을 상기시킨다. 삶에 있어서 지나친 이기심과 집착을 떠나 먼저 상대방을 이해하고 돕는 협동정신에서 경쟁이 아닌 상생의 지혜가 생겨난다.

4.

신숙영은 서정수필가의 면모가 뚜렷하다. 이번 수필집 〈말강구〉에 수록된 작품 56편은 감성으로 그린 삶의 수채화이다. 사라져가는 농경문화의 흔적에 대한 재발견과 음미, 자연 예찬과 서정의 토로, 일상의 발견과 깨달음을 담고 있다. 삶에 대한 긍정적인 사고 및 힘을 바탕으로 회의적인 시선보다는 희망적인 시선으로 세상을 바라보고 있다. 자연 친화에서 오는 순수 서정과 생명성의 뿌리와 줄기에서 푸른 맥박이 보인다.

신숙영은 이번 수필집으로 자립 확인과 함께 문학에 대한 방향을 얻었으며, 앞으로 보다 완성의 세계로 정진해 주길 기대한다.

맏강구

2011년 7월 20일 1판 1쇄 발행
2017년 9월 1일 1판 2쇄 발행

지은이 | 신숙영
발행인 | 이선우
펴낸곳 | 도서출판 선우미디어
등록 | 1997. 8. 7 제305-2014-000020
02643 서울시 동대문구 장한로12길 40, 101동 203호
☎ 2272-3351, 3352 팩스: 2272-5540
sunwoome@hanmail.net
Printed in Korea ⓒ 2017. 신숙영

※ 잘못된 책은 바꿔 드립니다.
※ 저자와의 협의하여 인지 생략합니다.

※ 이 책은 군포시문화예술진흥기금을 지원받아 제작되었습니다.
※ 책값은 뒤표지에 있습니다.

ISBN 978-89-5658-281-X 03810